U0008666

Psychology in One Week

Open Course

一週讀完

今天學心理學了沒

林肇賢 著

【編輯小語】

認識心理學，一週時間恰恰好！

❖ **一週讀一科目，不躁進，不累贅**：針對「一週學好一科目」的目的，為讀者規畫適當學習進度，從週一至週末，精心安排「導論」、「起源與發展脈絡」、「重要人物與理論」、「學科分支」、「用心理學看問題」、「放下書，實踐心理學」等單元，短時間內迅速掌握心理學大要。透過系統性學習，按部就班有效率，全方位掌握心理學，絕非一個蘿蔔一個坑式的填鴨學習。

❖ **開放式課程理念，超越時空，打破藩籬**：以開放式課程為設計理念，強調無負擔式自我進修，可依自身能力選擇學習內容，致力於內容簡潔明白、一看就懂，打破心理學知識難以跨入的限制，無論非本科生、一般上班族，皆可閱讀。

❖ **持續性複習，學習目標易達成**：按日規畫「三分鐘重點回顧」章節，讀者每日均能迅速且有效地複習所學，既省時又省力。

❖ **心理學小詞典，重要概念不漏接**：針對內容提及的重要理論及觀念，另以「心理學小詞典」欄位標出，陌生專有名詞即刻理解。

❖ **特別收錄「名家軼事」&「大師語錄」**：課本裡看不到的心理學大師成長故事，從交友、求學、到戀愛等軼事，並收錄諸位名家的雋永名句，分享大師的人生智慧。

CONTENT 目錄

Day 03
Scholars & Theories

CONTENT
目錄

星期五，從心理學看問題 193

CONTENT
目錄

Weekend Practice

3分鐘心理學回顧

週末，放下書，實踐心理學

心理學實踐的行前準備：功成下山前的總複習

心理學小詞典

心理學導論

-Introduction-

自有人類文明以來，從沒有一門學問如同心理學這般受到普羅大眾的喜愛，即使在數千年後的今天，這股熱潮也沒有絲毫衰退的跡象。似乎任何動詞、名詞、形容詞加上「心理學」三個字，就成了一門吸睛的學問，然而面對琳瑯滿目的書單，卻也讓許多對心理學感興趣的讀者不知從何下手。

大哉問：什麼是心理學？我們如何定義心理學？

如果你到知名網路書店用「心理學」當關鍵字搜尋，光是繁體中文資料保守估計也能得到成千上萬筆，有些一望而知是教科書（例如：普通心理學），有些著重於專門領域（例如：臨床心理學），有些教導「特殊」技能（例如：把妹心理學），有些帶著一抹玄妙的色彩（例如：面相心理學），有些像是高人傳授祕密心法（例如：老狐狸心理學），更有不少難以從字面上瞭解內容的（例如：食物心理學）。

然而這些就代表了心理學嗎？

有人說：「看完一整本普通心理學課本，好像也沒有更加瞭解別人的心理嘛！」、「到底心理學都在學些什麼呢？」這些問題反映了一個基本現象，就是所謂「正統」心理學所提供的知識，往往跟一般讀者的期待有落差，不像坊間命理老師或兩性專家來得那樣親民，這個現象可以從心理學的定義先談起。

俗語說「一樣米養百樣人」，在我們生活週遭形形色色的人們，總不乏讓我們感覺像是「外星人」的傢伙，不論穿著打扮或舉止談吐，從有點「怪怪的」到完全令人匪夷所思的程度，每當我們試圖去理解那些「非我族類」的想法及行為背後的原因時，我們就扮演著業餘心理學家的角色。

事實上，心理學的原點，就是希望對人類的想法與行為提出一套合理的解釋，並且讓我們有辦法進一步預測、甚至是去影響別人的想法與行為。

廣義來說，當一個三歲孩子以哭鬧的方式讓媽媽抱抱安撫時，他已經是個頗為熟練的應用心理學家了，因為透過生活經驗，孩子學會了用有效的方式來影響媽媽的行為，這在本質上與專業心理學家並沒有太大的差異，然而這些透過生活經驗所獲得的

大師語錄　人老是向外尋求力量與信心，但它們其實來自內在，而且一直都在那兒。　——安娜．佛洛伊德。

「經驗法則」——不管是從嘴唇厚度判斷伴侶夠不夠專情，或是從客戶在餐廳選擇的座位來擬定談判策略，都被歸類為「**通俗心理學**」。

問題1 通俗心理學vs.正規心理學，兩者的差異是？

通俗心理學起源於廣為流傳的人生智慧，如同民間偏方一般，某些時候頗為靈驗，但嚴格說來，「通俗心理學」與「正規心理學」雖有所相似卻不盡相同，這兩者的差異有時很明顯，有時則很微妙，有一個簡單的判斷依據：那些被冠上心理學頭銜的理論或方法，是否能夠被「科學方法」檢驗？我們以兩個目前網路上的實例來說明正規心理學的視角觀點。

(1)智能科學研究中心宣稱：透過檢測雙手的指紋（又稱皮指紋），可以瞭解我們智力與人格的特徵，幫助我們開發優勢，強化劣勢，及早為長遠的人生作出規劃。

(2)業者提出美國專家學者最新研究結果，發現聆聽莫札特的特定曲目能提升兒童的智力（又稱莫札特效應），因此建議從懷孕期開始到兒童十歲前持續使用套裝音樂產品幫助孩子的腦部發展。

這兩個實例目前在市場都佔有一席之地，創造出頗為可觀的商機，若讀者有興趣可自行上網以關鍵字搜尋，甚至可以看到業者提出所謂科學證據：專家背書與大量統計學資料等，然而這兩者都未被納入正規心理學的內容，其中皮指紋是典型的「偽科學」，不論擁戴者如何宣揚其科學性，在其悠久的百年歷史中，至今仍未有被科學界廣泛接受的證據；莫札特效應則是尚未定論之研究假設被商業炒作的結果，這個理論從一九九三年問世至今，仍未有肯定的科學定論。

莫札特效應的研究創始者之一，羅斯特（Frances H. Rauscher）本人是任教於大學心理系的教授，然而她對於自己片斷的研究結果，居然帶來瘋狂的商業化浪潮亦感到不可思議。若以精確的語言描述羅斯特的實驗，結果如下：

聆聽十分鐘的莫札特D大調雙鋼琴奏鳴曲，能夠「短暫提升空間能力測驗的表現」。

大師語錄　一件具有不朽之美的藝術品，價值並不依賴於其製造的物質，之所以變得有價值，只因它表達了藝術家的思想。
——馮德。

關鍵字是「**短暫**」與「**空間能力**」，並非商業廣告所暗示的能夠「永久」提升「智力」，換句話說，許多業者拿著「一分證據」說「十分話」，並不符合科學精神。由以上論述可知，當代主流心理學自詡為一門科學知識，對科學方法有某種程度的理性堅持（隨後章節將詳述科學心理學），因而正規心理學知識是由受過科學訓練的專家社群把關，就如同CAS協會保障消費者購買的農產品有著一定水準的品質（雖然不見得是最好），我們能夠信任這些心理學知識是經過檢驗程序認可過的。

另一方面，通俗心理學能在市場機制下大放異彩，必然有著服務廣大民生需求的重要價值，許多通俗心理學的概念經過科學化的檢驗後，反而補強了正統心理學的不足。基於這些理由，可將通俗心理學視為潛力股，不應未審先判的加以否定，但也

心理學小詞典

➲ **偽科學**：泛指宣稱具有科學基礎的知識或方法，實際上卻不符合科學精神，或無法通過嚴格的科學驗證程序。常見的問題包括邏輯不嚴謹、推論錯誤、沒有足夠證據就妄下結論、或在眾多可能性中揀選有利的偏頗解釋。但若知識或方法並未自稱為科學，就無需以科學標準檢驗之。

不應在有足夠科學證據前就全盤接受。

問題2 如何像心理學家一樣的思考：解讀X國研究報告

不過，當心理學被定位為一門科學後，在正規心理學的養成中，自然少不了科學層面的訓練。在眾多研究方法中，以實驗法最被心理學者所倚重，但該如何以符合科學精神的方式來思維，接下來將藉由幾個例子，簡單討論實驗邏輯的思考方式。

實驗法在心理學研究之所以如此重要，主要的理由是唯有實驗法能夠幫助我們確定「因果關係」。因果關係是科學研究中非常重要的環節，舉例而言，假若透過實驗發現「兒童觀看暴力影片導致其攻擊行為增加」，就意味著「觀看暴力影片」這個因造成了「攻擊行為增加」這個果，在得到一個清楚的因果關係後，接下來就知道透過減少「觀看暴力影片」能夠避免「攻擊行為增加」的結果，這就是因果關係確立的好處。而除了「實驗法」以外的研究方法，通常不易得到明確的因果關係。

 接受現實是克服不幸的第一步。

——威廉．詹姆士。

報章媒體引用科學研究最常見的謬誤之一，就是誤導讀者不存在的因果關係。以某醫療新聞為例，其標題為「睡眠七小時，可預防老年癡呆症」，標題本身暗示著睡眠時數與老年癡呆症有因果關係。而詳細閱讀內文時，就可發現研究既非採用實驗法，研究者也未宣稱其有因果關係。原本的結果應是睡眠時數與老年癡呆症確有相關，但無法確定何者為因、何者為果，換言之，如果無法得知是睡眠時數造成了老年癡呆症，抑或老年癡呆症影響了睡眠時數，這樣的新聞標題就是過度推論式的誤導。

另一則短文來自於網路部落格，據稱引用自英國某大學的研究，標題為**「咖啡的提神作用來自於心理因素」**。文章大意是研究者以實驗法進行咖啡提神效果的研究，提供兩組受試者飲用咖啡後測量他們的反應表現。研究者玩了一個小把戲，告知第一組受試者所飲用的是無咖啡因咖啡，第二組受試者則相信自己喝的是一般

心理學小詞典

➲ **安慰劑效應：**給予病人不具真正療效的藥物，卻因病人相信所服用的藥物有效，而產生了真實的治療效果。帶來的影響是，任何藥物療效研究都需證明其效果並非只是安慰劑效應，也讓醫學界開始正視病人的心理預期確實能影響治療效果的現象。

咖啡，結果第二組受試者表現較第一組來得好。文章的結尾寫道：「根據這項研究結果，研究人員認為咖啡不具有真正的提神效果，民眾覺得精神變好其實是心理作用」。

以下是在未查證原文的情況下，如何以實驗邏輯檢視這篇文章的合理性。由於文中並未清楚交待兩組受試者所喝的咖啡實際上是否含有咖啡因，我們可以考量比較合理的實驗安排，就現有資訊來練習思辨的遊戲：

首先，假設兩組喝的同樣是普通咖啡，可知表現差異主要來自相信是有否有攝取咖啡因的心理因素，所以結果是「受試者的心理因素可以影響表現」或「受試者的心理因素可以影響咖啡因提神的效果」，然而我們是否能夠斷言咖啡沒有提神效果呢？答案是不行！——因為兩組受試者同樣都攝取了咖啡因，雖然第一組表現比第二組差，但還是可能比完全沒喝咖啡的人表現來得好。

另一種較為複雜的情況，第一組喝了普通咖啡被告知不含咖啡因（這點與前面相同），但第二組喝無咖啡因咖啡卻被告知是普通咖啡。由於第二組沒有咖啡因的影響，他們的表現好純粹來自於心理因素，也許可以說「單純心理因素所產生的提神效果，勝過那些真正攝取咖啡因卻相信自己沒有的受試者」，但能否斷言咖啡不具提神

大師語錄　有意義的小事比無意義的大事更有價值。
——榮格。

效果？還是不行！——因為無從得知第二組的受試者如果真的攝取了咖啡因，會不會表現得比現在更好。

再次回到文章標題「咖啡的提神作用來自於心理因素」，就可以看出問題所在。我們也許可以接受「心理因素能夠產生提神作用」的觀點，但從這個研究卻完全無法得出「咖啡不具有真正提神效果」的結論。上述錯誤結論也許來自研究的設計漏洞，也可能是引用者的斷章取義，不得而知，然而上述例子旨在說明，只要願意透過邏輯思維去判斷，就能評估各種來源的資訊可信度。不過這不表示我們非得在每篇文章雞蛋裡挑骨頭，只要偶爾鍛鍊邏輯思考與質疑的能力，就能免於被似是而非的資訊洪流所淹沒。

綜合上述可知，在面對形形色色的心理學知識時，需培養一定的模糊忍受度和邏輯思考的能力。心理學的確有許多理論既有趣且實用，但也常常因為包含多元的切入觀點，而無法對問題提出完整而令人滿意的標準答案，然而這份包容性正巧也是心理學的魅力所在，因為鼓勵不同的觀點彼此辯論的態度，才能促成這門科學不斷成長進步。本書著眼於正統心理學內容，希望能在簡短的篇幅中，為大家介紹在本領域精采的理論與實務應用，快速而有效率地掌握心理學的知識內涵。

問題3 如何快速瞭解心理學：就從這七個面向開始

前面曾經提過，心理學的原點就是希望瞭解人類的想法與行為，在這個簡單的命題下，包含太多可以討論的主題，以至於想用簡單的定義完整描述心理學的內容幾乎是不可能的。一般常見對心理學的印象，多為利用心理測驗看透人性，或是將心理學等同於心理諮商，實際上心理學的探討方向遠遠不止於此。

當代心理學的學科分支約有數十門，足見其涉及的主題多樣性，由於人類的心智活動極其複雜，由其衍生出的行為更是包羅萬象，舉凡睡眠作夢中大腦神經系統的活動、面對問題時的思考模式，有時不顧自己利益幫助別人，有時卻駕駛飛機衝進摩天大廈等，在在顯示人類是多麼精細而又複雜的造物。

相對於人類外在表現的行為，心智運作看不見也摸不著，因此對於一般人來說比

對個人而言，最重要的是當下的狀態。
——馬斯洛。

較陌生，但這正是心理學家最感興趣的領域，究竟要用什麼方式，才能研究「心智」這個既模糊又抽象的東西呢？正所謂戲法人人會變，巧妙各有不同，心理學家有各式各樣的探討方向，以下先簡單介紹一些重要的主題：

（一）從「生理基礎」瞭解心理學

人類的心理與生理是密不可分的系統，就如同電腦的軟體與硬體需要相互配合，才能運作良好，所以這是心理學研究中不可或缺的主題。這個取向致力於瞭解身心交互作用的原理，主要探討人類的**「腦部功能」**、**「神經與內分泌系統」**、**「基因遺傳」**等生理因素，如何影響心智功能，或者反過來，我們的心理狀態怎麼影響生理系統。

其中一個有趣的方向，就是以大腦功能來解釋性別差異：

心理學小詞典

➲ **腦造影：**一種廣泛應用於醫學與研究目的的顯像技術，能夠將腦部的結構與運作區域以圖像呈現，是當今大腦功能研究的主流典範，常用的技術為正子斷層掃描（簡稱PET）、核磁共振成像（簡稱MRI）、功能核磁共振成像等。

腦造影研究發現，男性與女性的大腦結構可能有先天差異，以胼胝體為例，所謂的胼胝體是溝通左右半腦訊息的高速公路，女性的胼胝體構造約比男性粗百分之三十，因此女性比較容易接受到來自左右腦的訊息，男性處理訊息時則比較局限於特定的區域。舉例來說，男性只用特定的腦部區域處理情緒（主要是右腦，掌管情緒為主），並不會影響其他的大腦功能（譬如擅於邏輯分析的左腦），相對而言，情緒對女性來說似乎是個「全腦事件」，多數區域都因情緒而起反應。

這可以幫助我們理解為何男性似乎不像女性那麼容易受到情緒影響，不但能在吵架時提出解決方案，偶爾還會怪罪女性過於「情緒化」。實際上，腦部構造與運作方式的不同，可能顯示男性與女性所擅長的領域有所差異，男性也許比較容易專注在特定事件上，因為接收到的訊息比較少，但卻不像女性能夠掌握多樣化的訊息，可以一心多用。

大師語錄 心理學是關於心理生活的科學，既包括心理生活的現象，又包括心理生活的條件。——威廉．詹姆士。

（二）從「認知功能」探討心理學

認知功能毫無疑問是人類心智最重要的體現，舉凡人類的各種**「感官知覺」**、**「注意力」**、**「記憶」**、**「語言」**、**「思考」**、**「智力」**、**「問題解決」**、**「創造力」**等，通通都屬於這個主題的範疇。這個領域的心理學家致力於瞭解知識是如何被我們所學習與使用，他們擅長分析各種認知功能的原理，做為許多應用領域的科學基礎。

舉例來說，當我們回到年幼時就讀的小學校園時，似乎更容易想起來當時發生的點點滴滴，心理學家就以實驗證明當我們需要提取某些記憶時，如果伴隨著當時儲存這些記憶的情境線索，我們就能更有效的回憶，稱為**「情境脈絡效應」**，後續更多的研究還證明了情境脈絡效應不一定是來自外在的線索，不論聽覺、嗅覺、或各種生理感官經驗的線索，通通有助於我們回憶。

名家軼事

➲ 行為學派的心理學家史金納第一次上電視受訪時，曾石破天驚的說：「如果在燒掉自己孩子還是自己的書籍之間做出選擇的話，我願意先燒掉自己的孩子。」令輿論隨之嘩然，也讓他一夜成名。

這個看似簡單的道理，運用層面卻非常廣，舉例而言，我們能夠透過「嗅覺」的線索，來提升考試或專案報告的臨場表現，如果應用在生活中，可以挑支提神專注的芳香精油滾珠瓶，或是綠油精、白花油……等，在每次學習或準備資料的時候，同時聞著這個氣味，但只能在這個學習或演練的時段使用這個味道，準備以外的時間就不行。等到正式上場前，將氣味抹在身上或臉上，就能有助於回想起準備的內容了。

近年來臺灣的康復機構也利用「情境脈絡效應」，來協助失智症患者的復健，因為失智症患者的主要症狀，為大腦退化造成記憶力受損，連帶整體生活功能逐漸退化，所以工作人員會將失智患者們的日常環境，以許多古早味的玩意兒精心佈置，讓原本失去生命熱情的阿公阿嬤們，再度回到年輕時代的環境。充分使用情境脈絡效應，讓他們的記憶、情感、社交都表現得比平時活躍，更有研究顯示如果讓失智患者一塊兒料理以前年代的小吃菜色，可以讓這些老人家在「認知功能」、「憂鬱症狀」、「腦波」出現改善跡象。如果家中有失智症的長者需要照顧，也不妨考慮提供一些老歌、老電影來刺激他們大腦的功能，也能喚起老人家對環境事物的情感。

大師語錄　生命的意義只有一個：就是「活著」這個行為本身。
——佛洛姆。

（三）從「心理發展」分析心理學

人的一生是不斷改變的過程，每個人都是從嬰兒慢慢長大，經歷兒童到青少年，變為成熟的大人，再從中年步入老年，而每個階段都有其獨特的心理狀態。

所以「心理發展」這個主題，關心的就是人類各式各樣的心智功能，諸如：**「感官知覺」**、**「智力」**、**「語言」**、**「道德感」**、**「自我認同」**、**「親密關係」**、乃至於**「人生目標」**等，如何隨著年齡不同而變化，特別是關於嬰幼兒到青春期的心理發展研究，這些對於親職教養提供了相當豐富的資料。

許多父母都曾經玩過一個遊戲，就是在嬰兒面前先用雙手把自己的臉遮起來，之後把手打開讓臉露出來時，這時孩子就會驚喜的笑出聲來，而不斷反覆把臉遮住再露出來的動作，會讓孩子每次都會出現非常開心的反應，但是爸爸媽媽不久就會發現，

心理學小詞典

➲ **物體恆存**：認知心理學家皮亞傑描述嬰幼兒時期認知發展狀態的專有名詞，指「嬰幼兒對於不在眼前的東西，知道它仍然存在，而不是沒有了」，此一概念與嬰兒的安全感及信任感的建立有相當的關係。

這個小把戲是有年齡限定的，若把這個遊戲跟滿週歲的孩子玩，就完全失去了這種「笑果」。

這個遊戲的原理牽涉到一種心理學中稱為**「物體恆存」**的知覺能力，也就是我們知道某個原本看得見的東西，不會因為我們看不見就代表它消失了，但這是嬰兒約莫在十個月大以後才能發展出的知覺能力，因此在這個年齡之前，每當大人遮住自己的臉，對嬰兒而言就有如突然消失了一般，所以才會在露出臉來時，逗得他們如此開心，因為大人又重新出現了，這份驚奇的感覺就相當於我們看到不可思議的魔術表演一樣有趣。

然而隨著人的成長，我們的心理發展也隨之不同。現在請想像回到孩提時期的你，坐在生日蛋糕前，家人圍坐在你身邊，準備進行最令人興奮的步驟——拆禮物時間，當你迫不及待拆開爸爸送的禮物，原本滿懷期待的你，卻發現那個東西你一點都不想要，這時你會有什麼反應？

心理學家模擬了上述實驗情境，用來研究小朋友對情緒的控制能力。毫無疑問，人類生活中充滿了七情六欲，若說情緒是最重要的經驗一點也不為過，從探討影響

大師語錄 人們以為自己知道自己行為的原因是什麼，
其實許多行為的原因人們並不知道。——史金納。

情緒的因素開始，包括**「生理變化」**（血壓、心跳、腦部活動……）、**「思考模式」**、**「主觀經驗」**等，到由不同情緒所引發的行為、情緒調節策略、情緒如何影響健康等，通通包括在內。

前面提到的拆禮物實驗中，就是讓學齡前的兒童處在一個充滿失望，卻不能直接表達的情境中。而後，心理學家發現那些在實驗中，能有效地調節負面情緒的兒童，以後比較不容易出現行為問題，更有研究顯示兒童參加情緒管理課程的成果，可以預測長大後的社會成就。

很明顯的，情緒管理是每個人的必修學分，但是不同的情緒調節策略帶來的效果又如何呢？讓我們再次回到實驗場景：

如果孩子使用壓抑負面情緒然後控制臉部肌肉露出微笑的策略，雖然可以暫時避免惹惱爸爸的風險，但經由儀器測量內在的生理指標後會發現，強顏歡笑實際上讓負面情緒變得更加強烈；相對的，如果孩子能藉由調整想法，將注意力集中在爸爸特別挑選禮物的心意上，這樣比較可能出現釋懷的微笑，更重要的是，這時的生理指標也會顯示出孩子真的已經消氣了。

（四）從「人格分類」驗證心理學

心理學將人格定義為**「思考、情緒、行為的特定模式，構成個人與外在環境互動的風格」**，這個主題的研究者感興趣的是如何有效描述人格與測量人格。早期心理學家致力於發展自己的人格理論，許多代表性人物都曾經提出對於人格的獨到見解，後期亦有不少心理學家從遺傳基因、生物演化、社會文化等不同角度來解釋人格，本書在隨後介紹這些代表人物時，也將一併詳述他們重要的人格理論。

一個經典的人格分類是由英國倫敦大學著名的心理學教授艾森克（Hans J. Eysenck）提出，雖然距今已經有約莫半個世紀的歷史，然而因為許多後續研究確認其分類之有效性，至今仍歷久不衰，艾森克將人格大致分成四種類型，分類的測試方式如下：

步驟一：若有機會安排假日行程，你最常從事的活動是什麼？

❶如果是與一群好友聚會party或從事較為激烈的活動，屬「外向型」。

❷如果偏好獨處以及靜態的娛樂，屬「內向型」。

智者的藝術即是知道什麼該忽略的藝術。
——威廉・詹姆士。

步驟二：一般而言你的心情是否容易起起伏伏，很少感到平靜，或者一遇到不順心的事就需要很長的時間才能平復？

❶如果是，屬於「不穩定型」。

❶如果否，則屬於「穩定型」。

排列組合後就可以得到四種結果：1外向——穩定型、2內向——穩定型、3外向——不穩定型、4內向——不穩定型。這四種人格類型並非絕對，但大多數人都會傾向其中某種類型，且先簡介人格類型如下：

1.外向——穩定型

常給人活潑健談的樂天派印象，處事隨和容易交到朋友，真誠直率是最大的魅力，因為容易被他人信賴，在團體中有一定的影響力，能為他人帶來溫暖正面的能量。這類型的人偶爾會被評為胸無大志與缺乏企圖心，人際方面可能敏感度略低，不擅於覺察他人的心思。具有優良的抗壓性，若能加上同理心技巧，將有潛力成為優秀的業務員。

2.內向——穩定型

常給人乖巧文靜的印象，散發出沉穩平靜的氣質，職場上是個負責可靠的伙伴，善體人意，待人貼心。接納與包容是最令人安心的特質，因而容易成為別人傾吐心事的對象。由於不會刻意突顯自己的存在，在人際方面可能較為被動，有時會讓不熟的人感覺比較冷淡或有距離感。此類型兼具細膩心思與沉穩特質，是絕佳的內勤人員，在緊急狀況時頗能安定人心。

3.外向——不穩定型

常給人主動積極的印象，憑著感覺喜好行事，如同江湖人物般快意恩仇、交友廣闊、重義氣。有時欠缺考慮、莽撞衝動，容易與人起爭執，善變易怒的特質可能讓身邊親友又愛又恨。此型人勇敢富有冒險精神，害怕無聊喜歡尋求新奇刺激，但要特別注意那些可能帶來傷害的活動，逞一時之快有時會帶來無法想像的後果（也有研究顯示這類型是犯罪的高危險群）。衝動控制是此類型的主要課題，需要學習將旺盛的火力轉向建設性活動，此型人的好勝特質足以成就一流的企業家與運動員。

大師語錄 自我表露與主觀幸福感間的因果關係是雙向的。
——朱拉德。

4.內向——不穩定型

常給人嚴肅拘謹的印象，多少帶點悲觀退縮的傾向。此類型對於偵測情緒有絕佳的靈敏度，有心事的人在他們面前往往無所遁形；他們在群眾中特別容易感到不自在，高度敏感的體質使他們就是無法不去介意別人眼中雞毛蒜皮的小事。

由於焦慮與憂鬱常伴左右，此型人的課題是學會在情緒之海衝浪的藝術，不被自己的憂慮恐懼所淹沒。強烈的情緒是變奏的祝福，許多劃時代的發明與藝術品都出產於這個類型。

在這個簡單的人格類型分析中，你是不是也看到了自己和朋友的某些特質呢？而人格理論最重要的貢獻之一，就是能知己知彼而後進退得宜，試著根據上面的方式替身邊的人分類，相處的拿捏就能有個分寸。若對精確的人格分類結果有興趣，也可以參考艾森克人格問卷（Eysenck Personality Questionnaire，簡稱EPQ），網路上亦可以找到免費的中文版本。

（五）從「社會影響」思考心理學

人格心理學的基本邏輯是「什麼樣的人做什麼樣的事」，也就是主要以人格特質來解釋人的行為。社會影響領域的心理學者卻從另一個角度來思考，所謂「人在屋簷下不得不低頭」，有沒有可能在某些時候情境才具有決定性的影響力呢？

當人們在解釋他人行為時，特別是那些難以理解的行為，例如：劫機者採取自殺攻擊，或是戰爭中的血腥大屠殺……等，我們通常傾向於認定這是「恐怖份子」或「邪惡者」所為，也就是將行為歸因為個人特質所致，卻忽略了情境或文化的影響力，其實我們所謂的恐怖份子，很可能是他們祖國群眾心中的正義英雄。而心理學就將這個現象稱為「基本歸因謬誤」，意指觀察者常高估個人內在因素的影響力，而低估了外在環境因素。

許多研究都顯示情境是影響行為的有力因素，換言之，多數人在特定的情境下，都可能受影響而做出類似行為。社會心理學家金巴多（Philip Zimbardo）所主導的著名的研究「史丹佛監獄實驗」就在探討此一議題。

每個人都有不同程度的自卑感，
而優越感即是自卑感的補償。——阿德勒。

他們在史丹佛大學心理系的地下室建造了一個模擬監獄，在自願參與實驗的應徵者中，根據標準化心理測驗篩選出二十四位「成熟、情緒穩定、正常、聰明的男性大學生」，以丟銅板方式將受試者分為兩組（又稱隨機分配），分別扮演囚犯與獄卒，以研究不同角色的心理歷程。

而後這個實驗出乎意料的發展，使得研究被迫提前終止，金巴多教授提到：「大多數人真的變成囚犯或獄卒，完全無法區分角色和自我，他們的行為、思考、感受都產生了劇烈變化，不到一星期的監獄實驗已經抹煞一生的學習經驗……有些男孩（獄卒扮演者）對待他人的方式好像對待卑劣的動物，以虐待別人為樂；其他男孩（囚犯扮演者）則成了卑微無人性的機器人，心中只想著逃跑、生存、以及對獄卒的憎恨。」

僅僅是模擬的情境，對於正常人的行為就有如此強烈的影響力，足見真實生活中的機構角色能夠如何形塑人的行為。監獄實驗延伸出許多人性黑暗面的議題，深入的探討可參閱金巴多教授的經典著作《路西法效應》。

（六）從「心理測驗」研究心理學

相信大家都曾在報章媒體玩過各種心理測驗，最引人入勝之處就是表面看來毫不相關的選項，卻能揭露心底的祕密；在我們日常生活能夠隨意看到的心理測驗，一般而言趣味性大於準確性，然而為何多數人覺得這些測驗頗為準確？我們可以來實際體驗看看。

假設你才剛剛做完一個心理測驗，之後得到如下的結果：「你希望能夠得到他人的喜愛與欣賞，偶爾有自我批評的傾向，雖然外表看來堅強，但內心有時感到憂慮與不安，有些時候，你也會懷疑自己所做的決定是否正確。你喜歡生活中有些變化與彈性，當被限制時會感到不自在……」。

以上是一個經典的心理學實驗，參與研究的受試者在實際填寫心理測驗後得到上面的解釋，他們普遍認為這些句子非常貼切的描寫了他們的個性。然而這份解釋完全不是依據他們填寫的答案所分析出的結果，而是研究者從占星書籍中精心挑選句子組合而成，事實上參與研究的每個人都拿到完全相同的結果（當然，他們是在事後才被

人們被警告要小心路上的壞人，
但這些壞人往往平庸一如鄰人。　——金巴多。

告知這點）。這個研究揭露了一個現象：當面對模稜兩可的描述時，我們很容易在心裡對號入座，去認同這個結果的準確性。

這個現象就是心理學著名的**「巴納姆效應」**，也許不難想像，巴納姆效應正是許多江湖術士的基本功，這個研究要提醒的重點是，某些預言的準確性，正巧來自於語言本身的模糊性（例如：留意身邊小人），因為它們對多數人而言都適用。

正規心理學發展了百種以上的正式心理測驗，又被稱為標準化心理測驗，如前述的艾森克人格問卷，與坊間心理測驗的主要差異在於對測驗的內容比較嚴謹，除了需要理論依據外，還需通過許多複雜方式來確認測驗的有效性，因此心理測驗是一個專門的技術領域，某些標準化心理測驗甚至成為法律上認可的證據，例如：魏氏智力量表。

基於維護心理測驗的準確性，有時會限制具有心理相關背景的專業人員才能使用

心理學小詞典

➲ **巴納姆效應**：人們會對於一些模糊的描述給予高度準確的評價，這些描述往往十分概略及普遍，故能放諸四海皆準，適用於很多人身上，這也解釋了為何某些語焉不詳的占卜結果卻能被普遍接受。

或解釋測驗結果，以避免測驗被不當地使用。而專業的心理測驗也廣泛應用於許多領域，包括學術研究、教育輔導、心理諮商、人力資源管理、臨床心理評估、精神疾病診斷等。

（七）從「心理健康」判斷心理學

新聞中對冷血智慧型殺人魔的描述、生活中流浪漢在馬路邊對著空氣叫囂，這些令人印象深刻的場景足以讓我們意識到，自己與大多數人一樣平凡，換言之，也一樣的正常。

而如何判斷健康與否，大多始於對「不健康」的研究。早在十三世紀初認為精神舉止異常的人們是遭到惡魔附身，或由月相與星象的錯位導致，當時他們大多受到監禁與幾近虐待的治療方式。

直到十九世紀人道主義思維興起，對於精神異常的患者才開始有合理的醫療待遇。時至今日精神醫學已演進成一套系統化的診斷方式，對各種心理疾病加以界定

愛與工作，工作與愛……人生不外乎就這兩件事。
——佛洛伊德。

（如：耳熟能詳的憂鬱症、強迫症），進而瞭解其心理病理，並發展出對應的治療技術，本書隨後將有專章討論心理疾病的主題。

隨著生活品質大幅提升，我們獲得更多豐盛的物質，但卻無法帶來對等的精神滿足，人們逐漸意識到能夠治療或預防心理疾病，僅僅只是心理健康的最低標準，距離大眾所嚮往的幸福快樂還有相當的差距，於是一波反動新浪潮出現，心理健康的研究視角不再局限於心理病態這個少數族群，轉而擴展到適用於多數人的主題，例如：親密關係、壓力管理等。學者發現當有比較多負面情緒時，體內的免疫球蛋白抗體數量會比較少，這解釋了為何處在壓力下的人們比較容易受到感染而生病，這類研究幫助我們理解良好的心理狀態是健康不可或缺的條件。

值得一提的是，近年來這個領域最熱門的取向是致力於人類的正向心理特質，諸如愛、尊嚴、自我價值、喜悅等，心理學家在心理健康領域的研究擔負著促進人類身

心理學小詞典

➲ **魏氏智力量表：**國內現行最常使用的智力評估測驗，能測量全面的認知功能，瞭解智力程度與不同能力的優劣勢，僅專業人員可以使用與持有，運用於教育、醫療、身心障礙鑑定、司法鑑定等領域。

心靈圓滿的使命，我們也期待更多的研究結果能回應大眾的需求。

問題4 我們為什麼要瞭解心理學？生活中的心理學應用

由前文可知，心理學強調以研究的方式，產出符合科學精神的知識與方法，去解讀人類的思考和行為模式，因而在瞭解心理學的同時，往往也內化了科學的辨證思維，一旦心中的那把尺逐漸成形，就能習慣以理性思維看待不同來源的訊息。此外，心理學多樣化的主題，也為我們提供了重要的基礎架構，去學習和理解人性這般難以捉摸的事物。而心理學最大的價值莫過於實質的助益，透過提供可操作的原理原則，為我們解決生活的問題。下面的實例，將有助於瞭解心理學可能如何應用在一般上班族的日常生活中：

嘉祺是個三十歲的科技業員工，他一早起床伸個懶腰，覺得精神十分飽滿，回想起兩年前非得靠安眠藥入睡的日子，與現在相比顯得很不真實，那時經由醫

大師語錄　我們的心理疾病裡都藏著神性。

——榮格。

院睡眠中心的臨床心理師協助，嘉祺才知道，原來只要透過臨床心理學中的行為改變技術，養成良好睡眠習慣，配合放鬆技巧逐漸克服安眠藥的依賴，睡覺也能是件自然容易的事。>>>>臨床心理學的應用。

穩定的工作表現與良好的同儕關係，讓他在半年前晉升為中階主管。今天早上，他將代表公司面試一批求職人員，辦公桌上有人力資源管理部門整理好的履歷，附上求職者的心理測驗資料，以及根據個別測驗結果所提出的參考建議。測驗將四位求職者列入不考慮名單，包括兩名適應不良的高危險群、一名企圖營造過度完美形象、一名測驗出太多前後不一致結果；而其他應徵者則依人格特質與業務需求的適配度，排定優先錄取次序。>>>>心理測驗的應用。

面試過程大致順利，不過在其中一名優秀的應徵者身上，嘉祺注意到一些細微的線索，雖然應徵者有無可挑剔的學經歷和臨場表現，但是他在回答問題時，眼球時常往右上方移動，微笑不對稱、眼睛也毫無笑意，在笑容快速消失後，常會接續出現一閃而逝的不安神情。而心理學中非語言溝通領域的研究結果顯示，通常人在試圖說謊或隱瞞時，就會出現上述不自覺的臉部表情。於是他刻意問了些唐突的問題，觀察對方在慌亂下的表現，在與其他面試主管簡短討論後，這位應徵者被從原本的第一錄取順位後移。>>>>**非語言溝通領域的研究應用**。

下午的會議中，與其他部門主管因權責劃分而意見不合，嘉祺儘可能堅定地表達立場，並不斷使用同理心與溝通技巧，避免演變成激烈衝突。散會後他帶著虛脫感，直覺的摸摸口袋想抽根菸，才想起他為了健康，已經戒菸兩個月了，於是他開始練習情緒管理技巧，首先接納自己的情緒，再用呼吸放鬆法來穩定心情，隨後他覺察到腦中自我批評的想法才是讓心情如此糟的主因，他適時調整後感覺比較有能力專注在待辦事項上。>>>>**健康心理學的應用**。

下班前，他打電話約了兩個好友，晚點挑間館子聚一聚，打算準時下班到健身房流一身汗、沖個澡，再清爽的出門跟朋友見面。他很清楚地知道，運動是壓

大師語錄 為實現精神健康，個人必須為自己的行為負責。
——馬斯洛。

力管理不可或缺的部分，而快樂的生活絕對少不了友誼。>>>>**正向心理學的應用。**

以上的例子告訴我們，心理學不僅可以讓人睡得更好、工作表現提升、改善溝通能力、管理壓力與情緒、生活更加快樂滿意……，嗯！偶爾還可以幫我們逮到不老實的人。實在是一門非常實用的學科啊！

小結　關於心理學，我想說的是……

看到這裡，大致已經瞭解心理學的定義、概略的研究主題，以及心理學如何在生活中與我們發生關係。

接下來的星期二，我們暫且回到心理學的起源，談這門學問成長的軌跡，瞭解心理學如何由哲學心理學演變到科學心理學，進而發展出當代的心理學派典範。

隨後星期三將介紹心理學中最常被提及的經典學派、其代表人物與理論，簡要地認識這些心理學大師和他們研究的範圍。

星期四的主題是現代人最關切的心理學科，也就是心理健康的部分，我們將介紹常見的心理疾病，若有需求時能夠向誰尋求什麼樣的協助，並教導正確方式來促進身心健康。

星期五，我們將提出生活中常見的大小問題，從個人到學業、工作、社交……，示範心理學能夠如何實際應用來改善生活。

最後的週休二日，就讓我們放下書本，看看如何在生活中用心理學的方式看問題，也進一步實踐這五天所學。

大師語錄 人的內心藏有自我實現的傾向。只要移除障礙，每個人都能發展為成熟而完全實現自我的成人，就好比小小的橡實終將長成高大的橡樹一樣。——荷妮。

❶心理學的目的在於對人類的想法與行為提出合理的解釋，甚至進一步預測、去影響別人的想法與行為。

❷相對於外在行為，心智運作看不見也摸不著，正統心理學將之視為一門科學知識，從科學方法和實驗中找到答案。

❸解讀各式各樣的資訊時，透過邏輯思維去判斷，就能評估各種來源的可信度。

❹通俗心理學可以視為廣為流傳的人生智慧，不應未審先判的加以否定，但也不應在未有足夠科學證據前就全盤接受。

❺人類的心理與生理是密不可分的系統，腦部功能、神經與內分泌系統、基因遺傳等生理因素，同樣會影響心智功能和行為。

❻提取記憶時，若伴隨著當時儲存記憶的情境線索，就能更有效的回憶當時情境。

❼人的一生是不斷改變的過程，每個階段都有其獨特的心理狀態，並影響行為模式。

❽能有效地調節負面情緒的兒童，成長過程比較不容易出現行為問題。

❾ 多數人在特定的情境下，都可能受影響而做出令人不可思議的行為。

❿「巴納姆效應」的結果告訴我們，預言的準確性，通常來自於語言本身的模糊性，因為它們對多數人而言都同樣適用。

⓫ 較多負面情緒時，體內的免疫球蛋白抗體數量會降低，因此在壓力下，人們容易受到感染而生病。

⓬ 心理學提供了重要的基礎架構，去學習「人性」這樣難以捉摸的事物。並透過提供可操作的原理原則，解決人生的各種問題。

心理學的起源和脈絡

談論心理學史時，總不免引用德國心理學家艾賓浩斯（Hermann Ebbinghaus）的名言：「心理學有一個漫長的過去，卻只有一個短暫的歷史」。心理學的濫觴可追溯至千年前的古文明，根據考證「心理學」這個英文專有名詞「Psychology」最早的起源，來自西元一五〇二年歐洲的塞爾維亞，然而，心理學真正成為一門獨立的學科，也不過是近百年來的事。

尋找歷史中的心理學脈絡：心理學是如何發展的？

在人類上古文明遺跡或著作中，均可找到心理學的蛛絲馬跡，其中包括了印度、埃及與我們較為熟知的中國與希臘，雖然當時的文字紀錄多已遺失或損毀，學者們仍從隻字片語中拼湊，推測許多心理學議題在很早前就被人們提出。

《黃帝內經》成書於兩千五百年前，時值中國的春秋戰國時期，這本重量級的中國醫學經典已經能以相當細膩的方式談論身心醫學，例如：〈素問〉篇中提到「心者，君主之官也」、「心藏神」，就是以當時的語言概念討論心理意識如何受到生理功能的影響。

在《黃帝內經》問世不久後，希臘也出現了被喻為西方醫學之父的希波克拉底（Hippocrates），除了醫學上的成就外，他也是首次提出系統化人格理論的學者。當時認為人體主要由四種體液所構成，包括「血液」、「黏液」、「黃膽汁」與「黑膽汁」，而希波克拉底的人格理論便是築基於四種體液的調配上，舉例來說，容易憂鬱的人，在當時被認為是因黑膽汁過多所致。

這個理論直到中世紀歐洲仍相當風行，多少也在概念上啟發後世以不同血型來解釋個別差異，但最重要的影響可能來自這個理論前提：「人格或心理狀態是具有生理基礎的」，這正是當代生理心理學的核心論述。

第一階段 古希臘時期到十八世紀——思考辨證中產生的哲學心理學

根據考究，兩千年前的希臘人已經開始思考重要心理學問題，諸如每個人看到的

大師語錄 我比別人懂得多的，就是知道自己一無所知。
——蘇格拉底。

外在世界是否相同？心靈是否可獨立於肉身之外？精神狀態異常的成因為何……等，

這些議題至今仍不斷被研究，然而古希臘文明的崛起，如同一顆閃耀的巨星，因為當時僅有極少數人識字，書籍都是手工抄寫於紙草或羊皮上的奢侈品，夜晚也只有油燈勉強提供微弱的照明。所以令多數史學家不解的問題是，在如此原始的生存條件下，到底是如何孕育出雅典人難以置信的智力成就，而他們又是如何看待人類的心理問題，我們或許可以從以下幾位著名希臘哲學家的故事瞧出端倪。

a.希臘時期的心理學發展

古希臘哲人蘇格拉底（Socrates）曾謙虛的說，自己比別人聰明的唯一之處在於

心理學小詞典

➲ **四氣質理論**：由古羅馬名醫蓋倫提出，繼承和發展自希波克拉底的體液說，認為人類有四種氣質，血液多者，行動表現為熱心、活潑；黏液多者，心理表現冷靜，善於思考和計算；黑膽汁多者，較神經質，但有毅力；黃膽汁多者，易發怒且動作激烈。是心理學史上最早的人格分類描述。

他知道自己什麼都不知道，但少了這名希臘哲人，西方思想史恐將黯然失色，而其中最重要的部分，來自他用來獲得知識的方法，可稱為「蘇格拉底式的對話」或稱「辨證法」。

蘇格拉底最鮮明的形象就是穿著破舊長袍在市集中與各式各樣的人辯論，在教學時會不斷提問以揭發學生的矛盾之處，而後學生透過自己的思考推論得出新結論，因而蘇格拉底認為自己只是把別人的思想「接生」出來。這樣的教學模式不但影響了後代心理學的研究方向，也被目前主流的認知心理治療學派做為重要的治療技巧。

蘇格拉底認為透過提問與辯論的過程，能引導我們「回想」起既存於自身的知識（而非「習得」外在知識）。因此，如果辯證法顯示了「固有知識」的存在，就表示人們並非如同無瑕白紙般降生於世上，而是帶著某些先前知識誕生的，這證明了一種獨立於肉體的不滅存在，亦即「意識」或「靈魂」，由此奠定了後世「身心二元論」的觀點。

蘇格拉底以其貌不揚、身無長物的形象示人，然而他著名的弟子，同樣名留青史的哲學家柏拉圖（Plato），卻在各方面與蘇格拉底大不相同。柏拉圖來自於一個經

最有效的教育方法不是告訴人們答案，而是向他們提問。——蘇格拉底。

濟條件優渥的家庭，據聞他俊美的長相不論男女皆對其傾心，柏拉圖在遇見蘇格拉底前的志願是成為一個詩人，偶然在公共場所聽到蘇格拉底的演講後拜其為師，並尊其師為「我所認識的人中最有智慧、最公正、也是最好的人」。

柏拉圖在其廣為人知的著作《理想國》中提到，人的靈魂如同兩頭馬車，其中一頭「溫馴（精神）」、另一頭則「難以控制（欲望）」，而正是理智駕馭著兩頭馬車，使其相互配合，並行不悖。兩千多年後心理學大師佛洛伊德所提出的人格理論，同樣將人分為超我（道德）、本我（欲望），以及統合兩者的自我（理智），與柏拉圖最初的概念不謀而合。

做為柏拉圖的弟子，亞里斯多德（Aristoteles）在科學史上獲得的讚譽幾乎超過了恩師，由於在許多門學科上都有不凡的貢獻，他被公認為古希臘的愛因斯坦或達文

名家軼事

➲ 蘇格拉底的婚姻軼聞廣為流傳，他的妻子是眾所皆知的潑婦。可是他卻從自己的處境，得到一個幽默的結論：「不管怎麼樣，還是要結婚。如果娶到一位好太太，那麼你很幸福；如果你娶到一位壞太太，你會變成一個哲學家。」

西，為不世出的天才。有別於蘇格拉底與柏拉圖強調先天知識的重要性，亞里斯多德認為透過觀察來歸納出知識原則是最基本的科學方法，也就是透過對萬事萬物「異中求同」形成的概念，能夠使我們到達更高的知識層級與智慧。

亞里斯多德對心理學領域的重大啟發，主要來自於對心靈本質的探討，他跳脫「身心二元論」的框架，認為心靈既不是「非物質」的存在，也不等同於腦或心臟等「生理構造」，亞里斯多德認為「**心靈的本質是人類在思考過程中所採取的步驟**」，在後來的當代心理學派，諸如「認知心理學」與「人工智能」等領域，也都建立在這個假設概念上。

亞里斯多德之後，心理學的發展進入了長達兩千年，心理史學家所稱的「冰河時期」。有一說是後來的宗教與政治氛圍傾向於保守，使得相關的學術活動多傾向於考察前人遺留的思想；另一種觀點則是先前的希臘哲人思維走得過於前端，以至於很長一段時間無人能夠超越。

大師語錄 孩子怕黑暗情有可原，
人生真正的悲劇是成人怕光明。——柏拉圖。

b.啟蒙運動時期的心理學

心理學的發展一直到了十七世紀，再度出現了舉世聞名的思想家——笛卡兒（Descartes），雖然有人將他喻為「當代第一個偉大的心理學家」，但在當時心理學仍只是哲學思想的一個分支。

笛卡兒透過自身的推理，再度支持了「身心二元」的觀點，他的經典名言「我思故我在」常被望文生義地解讀為「思考是人類存在的價值」。實際上，當時笛卡兒所思考的重點是「自我」是否存在。他發現就算要去質疑或否定那些構成「我」的成分（例如：感覺、想法、記憶），也必須有某個「存有」或某個「我」在進行這個質疑或否定的過程，因而邏輯上無法透過否定去證明「我」是不存在的。換言之，「我思故我在」的意義接近於「當我在質疑或否定時，那個正在進行質疑或否定的我就必定存在」，即便質疑或否定的對象是「我」也一樣。

笛卡兒推崇人類高貴靈魂的無形存在，然而當代的生理學已有相當程度的發展，

心理學小詞典

➲ **松果體**：位於大腦中央的內分泌腺體，早期被認為是靈魂的居所，被神祕學家稱為「第三隻眼」，認為開啟松果體可以使靈性意識提升。目前醫學已知松果體所分泌的褪黑激素是調節睡眠週期的重要物質。

他本人亦曾進行過動物解剖研究。他認為靈魂與肉體的交會處應該在大腦的松果體，靈魂的意志將透過松果體來使肉體執行，笛卡兒進一步補充，過於強烈的情感將造成混亂，使得靈魂失去對松果體的掌控，因而主張人們應該透過意志來控制情感，這也是笛卡兒被稱為理性主義者的原因之一。

從古文明時代至此，眾多思想家都嘗試為人類的心靈活動提出解釋，其中不乏前瞻性的思考，其成就高度以今日眼光看來極為不可思議，然而這些前輩們卻有著共同的困境，除了觀察、思維與推理外，似乎沒有其他工具方法可以協助對心理學的研究。我們在此劃下一個里程碑，將古希臘時期至十八世紀左右的思想統稱為「哲學心理學」，並與後來的「科學心理學」做出區別。

第二階段　十八世紀後，以實驗至上的近代科學心理學

笛卡兒過世後的十八世紀，科學界的發展如雨後春筍般暴發，諸如醫學、物理

大師語錄　懷疑是智慧的源頭。——笛卡兒。

學、數學、天文學、化學、植物學等都取得了重大的進展，這百年內的大躍進也將心理學帶入了科學洪流中，開啟了科學心理學的時代。

使科學蓬勃發展最重要的基石，是人類開始大量使用實驗的精神或方法來追求新知，我們可以藉由一個例子感受十八世紀末的科學氛圍。西元一七八四年在巴黎進行了一場調查，對象是一位當時聲勢如日中天的奧地利醫師，名為麥斯梅爾（Franz Anton Mesmer），他使用一種獨創的磁性療法，成功的治癒許多眼盲及癱瘓的病人。這種帶著神祕色彩的治療吸引大批病患前來求診，最終使得巴黎的官方機構介入調查。

調查委員會的組成包括醫師、化學家等學者，調查方式包括了實驗法。調查者告訴受試者他們將接受一扇關閉的磁門治療，但實際並未真正加上磁力，然而最後這群受試者主觀的報告感受顯示，他們感覺有如接受真正磁療一般。這個實驗結果成為關

心理學小詞典

➲ **催眠治療**：藉由特定技巧引發意識狀態的改變，以達到改善心理狀態或行為的療效。催眠治療不等於媒體上的催眠表演秀。真正的催眠治療是以治療為目的，以隱密的方式進行，接受治療者通常能記得治療過程的內容，催眠師也無法在違背他人意願的情況下加以操縱。

鍵的證據，委員會依此裁決麥斯梅爾的磁性療法純屬子虛烏有，其療效僅來自於病人的想像。想當然爾，官方的判決如何重創麥斯梅爾的事業，使他的人生後段在抑鬱中度過。

以現代精神醫學看來，稱麥斯梅爾為「江湖郎中」或「騙子」並不公平，畢竟他解除了大批病患的痛苦是不爭的事實。現代的人尊稱麥斯梅爾為催眠治療的鼻祖，只是那個時代的人（包括麥斯梅爾本人）並不瞭解真正產生療效的原因罷了。我們也可以看到，縱使當時採用的實驗邏輯並不完善，在十八世紀末時，以科學之名所進行的調查仍具有絕對影響力。

a.科學心理學的誕生

西元一八七九年的德國萊比錫大學，學者馮德（Wilhelm Wundt）設立了第一個心理學專門的實驗室，主要研究人類的感官知覺經驗與生理心理學，由於他提倡以實驗法進行心理學研究，因而被多數學者公認為科學心理學的主要創始者。他主張心理

大師語錄　解剖學決定了我們的命運。

——佛洛伊德。

學只有在以實驗結果為基礎時，才能成為一門科學，並認為意識確實能以實驗的方式進行研究，這個觀點直接影響了心理學的定位，至此心理學可以說是真正剪斷與哲學的臍帶，朝著成為一門獨立的科學知識而努力。

西元一八九二年成立的「美國心理學會」（American Psychological Association，簡稱APA），使心理學正式成為獨立的專業，美國心理學會並宣告其主要使命為「推動心理學成為一門科學」。

學會從十九世紀末，會員不滿百人，如今已增加到十幾萬名會員，美國心理學會毫無疑問是當代心理學開展最重要的主導組織，而該學會所制定的論文寫作格式（簡稱APA格式）目前亦為社會科學領域學術寫作之範本。

b.為心理學立下標準的統計學與研究法

無獨有偶的是，統計學在十九世紀逐漸由數學領域中獨立出來後，便在科學研究中取得不可動搖的地位。對於非科學領域的人而言，統計學可能顯得抽象而陌生，簡而言之，統計是一種蒐集資料、分析資料並做出推論的科學。統計學主要針對以下問題提供建議：**如何以量化的方式檢驗研究者的假設？對於不同類型的資料該使用何種分析方式？所得數據的可信度與意義為何？**

統計學的發展成熟解決了許多數字分析上的難題，使得學者在研究上如虎添翼，所引發的漣漪效應是更多學者喜愛以數字呈現研究結果，以此觀之，也可說是統計學將科學研究的量化典範推向高峰。

這裡所引發的議題是，縱使心理學欣然投向科學界的懷抱，其研究對象與傳統科學卻有決定性的差異，在自然科學領域中，我們能夠以先進的儀器去測量，得到精確的化學組成或物理條件，然而放在心理學領域中，憤怒情緒該如何測量？聰明才智又可如何量化？

學者們很快就認識到，心理學研究在精準度上有著先天上的限制，理由是做為研究對象的人類，本身就是高度複雜與低度穩定的。這也是為何早期心理學家的實驗都是針對容易測量的人類知覺反應（例如：從聽到聲音到做出反應需要多長的時間），在十九世紀中期，學者們普遍認為要以實驗法測量高等的心理運作（例如：思考、記

對自己完全地誠實是很好的鍛鍊。——佛洛伊德。

憶）是不可能的，這樣的觀點直到接近二十世紀時才有所改變。

由於大多數情況下無法像自然科學般，透過測量得到絕對的數值，心理學時常要在模糊得多的條件下進行研究。為了克服這個困境，心理學家需要更為強大的研究方法與更完善的研究邏輯，才能在主流科學的量化典範中保有其學術價值，這也促使心理學研究法不斷演進，拜高科技產業所賜，今日的我們所能使用的研究技術，已遠遠超過半個世紀前學者們的想像。

第三階段　十九世紀後，百花齊放的當代心理學

科學精神在心理學的獨立運動中扮演關鍵的角色，也造就科學心理學至今仍主導著心理學界的發展。雖然這股趨勢多數心理學家都樂見，但也並非沒有反對的聲音，有些學者認為過度依賴科學終使心理學導向忽略人性真實的一面，有些人則認為量化典範的科學研究法並不適用於所有心理學議題，有些領域則關注知識的實用性更甚於

科學嚴謹性。

科學演進本當海納百川，換言之，科學應該是一種遊戲規則，而不是用來限制特定對象進入遊戲的門檻。當代心理學的發展史就如同一條蜿蜒的小溪，在搖擺辯證中尋找微妙平衡的定位，其中形形色色的觀點不斷被提出與討論，最終分流成不同理論學派，各家對人類心理的觀點有些大相逕庭，亦有此呼彼應，以下將依歷史發展的順序，介紹當代心理學最具代表性的典範（Paradigms）。

a.精神分析（Psychoanalysis）：從病態中建立典範

就在馮德創立第一個心理學實驗室的同一時期，維也納有個二十出頭的猶太小伙子即將完成他的醫學課程，成績極其優異的他後來成了一位傑出醫師，在整個心理學界都醉心於轉型科學時，天縱英才的他另闢蹊徑，沒有實驗儀器與測量工具，光是憑藉對著病人與自我的深度探索，發展了名為精神分析的心理治療法，這位特立獨行的心理學家正是佛洛伊德（Sigmund Freud）。

大師語錄　我們應該教的不是偉大的著作，而是對閱讀的熱愛。　——史金納。

精神分析可能是當代心理學中最負盛名的學派，就算沒有正式接觸過心理學的讀者，多少也曾聽過開山祖師爺佛洛伊德的大名，或對「潛意識」、「防衛機制」、「投射」這類名詞耳熟能詳。自十九世紀末問世後，精神分析學派在精神醫學中有著屹立不搖的地位，至今仍在文學批評、藝術理論、社會學等人文思想領域展現其影響力。

早年佛洛伊德在維也納綜合醫院擔任神經科醫師，當時的主流醫學認為精神疾病是由神經異常的生理因素所造成，對病患的處置大多是電療或囚禁，除了不人道外，這些方法通常也沒有太大成效。佛洛伊德受到恩師夏爾科教授的啟發，藉著閱讀大量的病歷紀錄，他試圖從病患語無倫次的瘋言瘋語中，找到精神失常的病因。

經過數年研究後，佛洛伊德提出一個革命性的病理觀點，他認為造成精神疾病的主要病因，來自於潛意識中早期受到的心理創傷，他也以此觀點開發出嶄新的治療

名家軼事

➲ 佛洛伊德曾經說過自己讀過的考古學書籍可能比心理學書籍還多，他多次前往希臘和羅馬旅遊，佛洛伊德對考古和精神分析的詮釋如下，精神分析所運用的方式，其實與考古學家如出一轍，都是從斷垣殘壁中重建和再現建築的輪廓和面貌。

方式：僅僅只是以談話的型式，鼓勵病人說出曾經受到的傷害或刺激，就能夠使當時許多醫學無能為力的精神症狀痊癒。這個劃時代的治療方式，被稱為「精神分析」或「心理分析」。（精神與心理只是「Psycho－」之不同中譯名詞，中文資料時常交替使用。）

・冰山理論：探索深層的「潛意識」

佛洛伊德將人類的心靈比喻為冰山，平時我們所能夠瞭解的自己，就像浮在海平面上的部分，只佔冰山總體積的百分之二十，這個部分稱之為「意識」，比如說：「我喜歡貓多過喜歡狗」、「我擅長與陌生人打交道」、「我常常猶豫不決」等，這些我們能夠清楚覺察到的自我喜好或特質，通通包含在意識的層面中。

而我們所不熟悉甚至可能一無所知的自己，就有如潛藏在海平面之下部分，佔所有冰山的百分之八十，稱為「潛意識」。潛意識的主要內容是那些不被我們承認的衝突與欲望，或我們不想接受的強烈負面經驗，譬如說：在童年受到虐待的人，長大成人後可能完全不記得這些不堪的回憶，這就是受虐的經驗進入潛意識後，無法在意識

大師語錄 心理症發病並不意味著自我的棄絕，相反的，
它是一種心靈藉以保護自我的方式。 ——佛洛伊德。

層面被想起的緣故。

佛洛伊德認為，潛意識對人類的影響力遠大過於意識，換句話說，以精神分析的觀點來看，雖然每個人對自己都有一定程度的認識（意識層面），但我們通常不太清楚真正影響著我們的是什麼東西（潛意識層面）。基於上述原因，精神分析也有另一個代名詞——精神動力（Psychodynamic），意指精神分析是研究潛意識如何驅動人類行為的理論。根據佛洛伊德的說法，幼兒時期的經驗大多進入潛意識被儲存起來，而我們的人格在進入青春期前就已大致定型，是以古典精神分析相當重視童年時期的發展，特別是那些不愉悅的創傷經驗。

精神分析最核心的假設是**「心理決定論」**（Psychic determinism），也就是我們所有的行為、動作、語言的背後都隱藏著豐富的心理意涵，即使微不足道的小事如說話用錯字或遲到五分鐘，都反映了我們潛意識的深層動機。譬如說，一個在成長過程中

名家軼事

➲ 佛洛伊德提出了「戀父情結」的概念，此說來自希臘神話中厄勒克特拉的故事，也就是俗稱的「女兒是父親上輩子的情人」的概念。事實上，佛洛伊德最寵愛的小女兒安娜・佛洛伊德，似乎也以人生實踐了這項學說，不僅終身未嫁，還繼承了父親的衣缽，成為心理學家。

不斷被灌輸自己沒有價值的孩子，憑著努力一直有優秀的學業表現，他在頂尖國立大學的博士班考試以第一名錄取，然而在入學報到的當天，他完全忘了報到這回事，直到隔天才想起來，也因此無法入學就讀。

精神分析的觀點認為「遺忘」是有特殊意義的，它通常反應了某種潛意識的痛苦或衝突。上述的例子可能被精神分析取向的心理治療師如此解讀：由於在潛意識中，這個人深信自己不配得到如此高的成就，因而拿到博士學位這件事與其深層的自我概念衝突，透過「遺忘」報到這件事，就能免除這種衝突的存在，這個看似扯後腿的心理運作，最主要的功能就是解決潛意識的衝突，使自我概念維持在穩定狀態。

・由本我、自我和超我構築的人格理論

佛洛伊德為了使潛意識的概念更加完整，又進一步提出了著名的人格理論，他將人格比喻為一個有結構的運作系統，其中包括三個主要部分：**本我**、**自我**、**超我**。這三個元素從童年時期開始發展後就不斷地交互作用，影響了我們日常生活裡各式各樣的想法、感覺或行動，以下分別說明。

大師語錄　順口說出的話才是本來想說的話。　——佛洛伊德。

本我（Id）：人格中最早發展也是最原始的部分，打從我們還是新生兒的時候就可以觀察得到，本我主要是由基本的生物本能所驅動，對本我來說最重要的事就是趨樂避苦，也就是追求可以帶來愉悅感受的活動，並且逃避那些帶來不舒服感受的事物。本我並不理會外在環境的現實狀況，只關心如何滿足需求，舉例來說：如果沒有父母的干涉，大部分的孩子可能會把糖果跟零食「吃到飽」，原因很簡單，他們並不在乎蛀牙或是營養不足的問題，單純就是為了喜歡吃而吃，這就是本我的運作方式。

自我（Ego）：隨著成長過程，很快我們就會知道，人生不可能只憑著喜好來做選擇，我們的需求與衝動也不會永遠得到滿足。自我的主要功能是想辦法用環境可以允許的方式來滿足本我的需求。譬如說，媽媽告訴孩子要先把討厭的青椒吃完以後，才能夠吃最喜歡的巧克力，於是孩子就學會，想要滿足吃巧克力的欲望，就要遵守媽媽「先吃青椒」的遊戲規則才行，這種以符合遊戲規則的方式來滿足需求，就是自我的主要任務。自我還有另外一個重要功能，就是當人格結構中的本我需求與超我發生衝突時，自我的功能就像調解委員會一般，接下來先來看看什麼是超我。

超我（Superego）：當我們開始接觸外在環境，透過父母或師長的獎勵或懲罰，我們吸收了各式各樣的價值觀，用來判斷行為的是非對錯，這個代表著我們內心道德良知的部分，就稱為「超我」，譬如說，孩子被老師告誡拿同學的東西是不對的行為，一但這個規則被儲存到人格結構的超我部分，往後當孩子看到同學的玩具很有趣，本我出現想把玩具拿來玩的衝動時，超我就像法官一樣跳出來告訴孩子這是不對的，這會帶來一種焦慮的不舒服感受，孩子就不會只憑著喜好做出衝動行為。

前面也曾提到，自我的另一個重要功能是調解本我與超我的衝突，以這個例子來說，自我可能會提出可行的解決方案，譬如：孩子可以用自己的玩具去跟同學交換新玩具，這麼一來既滿足了本我的需求，也不違反超我的道德規則。簡而言之，本我依循欲望而運作，超我依循道德標準而運作，自我則扮演著顧問或調解委員會的角色，這三個部分就像我們人格裡不同的政黨，因為各自不同的政治立場而時常彼此衝突。一般而言，最理想的情況是朝野合作，國泰民安，這會使我們的人格系統運作良好，情緒穩定。

然而在某些人身上，本我成了執政黨，他們的人格特質可能是自我中心、衝動、貪婪、為達目的不擇手段，在監獄中的罪犯有為數不少屬於此類。在另一些人身上，

大師語錄　本我過去在哪裡，自我就應在哪裡。
但終究追尋的是超我的理想境界。　——佛洛伊德。

則是超我獨攬大權，他們的人格特質可能是情感壓抑、神經質、焦慮不安，嚴重的話就發展成為所謂的精神官能症。由此可見，運作良好的「自我」是健康的人格所不可或缺的。

・古典精神分析的發展和爭議

就許多層面的意義來說，佛洛伊德就是古典精神分析的代名詞，連同時期的著名科學家愛因斯坦，都對這位大師推崇備至，他不但一手創建了核心觀點，在有生之年也從不允許別人對理論提出挑戰或修正。然而這棵巨木終究還是開枝散葉為不同思想體系，包括佛洛伊德親生女兒在內，許多曾向佛洛伊德學習精神分析的心理學家，後來都提出自己的新觀點，包括榮格（Jung）、阿德勒（Adler）、荷妮（Horney）、蘇利文（Sullivan）等，他們被統稱為「新精神分析學派」或「新佛洛伊德學派」。

精神分析的內容既深奧且迷人，然而其最常遭受到的批評，就是其科學嚴謹性不足。精神分析的立論基礎主要來自「個案研究法」，這代表被研究的樣本可能是少數人，而這少數人幾乎全是精神病患，因而以研究法的角度提出的挑戰是，藉由研究少數人所形成的理論是否能夠適用於所有人？以及相似的，藉由研究精神病患所得出的原理是否也能類推至正常人？雖然近代不乏學者以科學測量方式提出精神分析的理論證據，然而這些挑戰至今仍未獲得令質疑者滿意的解決方式。

b.行為主義（Behaviorism）：改變人類行為的技術

若精神分析是異軍突起的黑馬，行為主義大可以科學心理學的名門正派自居，在心理學發展史上，精神分析與行為主義的興起時間巧合般接近，也同樣對後世有深遠而廣大的影響力，然而因對人類的觀點南轅北轍，雙方陣營像平行線般對峙了百年，直至二十世紀末才有心理學家嘗試整合兩者，鼓勵其開始對話。

繼承了實驗心理學的血統，行為主義的理論核心確實是透過實驗結果逐步建立起來，然而就像有人諷刺精神分析是病態心理學（因為藉著研究病人而來），行為主義也被質疑那些透過對貓、狗、老鼠所進行的實驗，所得出的結果是否能應用於人類身上。所幸後續大量的研究結果，證明了行為主義原理的適用性異常廣泛，包含了簡

大師語錄　性本能是生的願望的體現。　——佛洛伊德。

單如變形蟲的單細胞生物，到人類這等複雜的高等生物，都無法脫離行為主義所提出的原理原則。

著名的心理學家華生（John B. Watson）於一九一三年，在一篇重要的行為主義宣言中提到：「就行為主義者而言，心理學完全是一門客觀實驗性的自然科學，它的理論目標就是對於行為的預測及控制」。這段話清楚地描繪出行為主義的早期定位，他們關切的是可被客觀紀錄與觀察的外顯行為，試著找出這些行為的背後原理，並以這些原理來改變行為，這無疑就是自然科學最主要的目標：「**解釋**」、「**預測**」與「**控制**」。

身為行為主義的創始者，華生名留青史的言論莫過於：「給我十個健全的嬰兒……從中隨機選出一個，我保證能將其訓練成任何類型的人物——醫師、律師、藝術家、富商、乞丐或竊賊，不用考慮他的天賦、傾向、能力……」。由此可見，行為主義認為後天學習的影響遠超過先天的遺傳特性，若精神分析的假設是心理決定論，

心理學小詞典

➲ **黑盒子**：早期行為主義因為人類意識過於複雜，難以用科學方式研究，於是略帶諷刺意味地用「黑盒子」來形容內在心理狀態，意指裡面烏漆抹黑，沒人看得清楚裡頭發生什麼事，只能各說各話。

行為主義則可說是環境決定論。

就當時的時代氛圍而言，行為主義將心理學帶向近乎純科學的領域，他們對佛洛伊德所提出來的那一套心理決定論嗤之以鼻，認為人類行為只不過是經由大大小小的學習累積起來的慣性，所謂的心靈或潛意識絲毫沒有研究的價值，早期行為主義甚至將意識稱為「黑盒子」，並反對浪費力氣在研究不知所云的人類內在意識，這種鮮明的風格也使早期的行為心理學者被稱為「激進行為主義」（Radical Behaviorism），後期則轉變為較有彈性與折衷。

．制約反應：將偶然化為必然

行為主義學習理論中最重要的概念之一是**「制約」**（Conditioning），一個名為「巴弗洛夫的狗」的經典實驗，由德國生理學家巴弗洛夫（Ivan Pavlov）所提出，他以狗為實驗對象，在每次餵食狗的當下，就同時伴隨著鈴聲，如此重複數次後，狗只要一聽到鈴聲就會開始分泌唾液，就算沒有食物出現也一樣。一般的狗聽到鈴聲並不會流口水，因此這種刺激（鈴聲）與反應（流口水）的特殊連結是透過實驗學習而來，

大師語錄　大多數的行為其實都是本能與習慣相結合的產物。
——華生。

巴弗洛夫分別以**「制約刺激」**與**「制約反射」**來稱呼這種配對學習關係。

另一個著名的制約學習例子，是由華生所進行的「小亞伯特實驗」，亞伯特是個年僅九個月大的嬰兒。最初亞伯特與一隻小白鼠共處時，並沒有特別的情感反應，而後每當小白鼠出現在亞伯特面前時，實驗者就以錘子敲擊出巨大的聲響，亞伯特因此受到驚嚇而害怕，重複幾次之後，亞伯特就開始對小白鼠產生害怕的反應，最後一見小白鼠就哭，換句話說，亞伯特對原本並不害怕的老鼠產生了恐懼制約反應，在這個例子中，「老鼠」是「制約刺激」，「害怕」則是「制約反應」。

不只如此，在後續的觀察發現，亞伯特的恐懼制約「舉一反三」到許多相似的物品，譬如毛絨絨的小白兔與狗都能使亞伯特感到害怕，這個專有名詞稱為**「類化」**，就如同俗諺所說的「一朝被蛇咬，十年怕草繩」，就是我們把對蛇的恐懼類化到外形相似的繩索上。以今日的標準衡量，小亞伯特實驗無疑違反了人道精神與研究倫理，因為華生在研究結束後，也沒有把強加在嬰兒上的恐懼制約消除，然而這個實驗非常清楚地向世人展示，學習的結果未必都是正面的，它也能讓我們對一點都不值得害怕的事物產生強烈的恐懼。

仔細觀察就可以發現，制約反應的確是生活中無所不在的現象：實施垃圾不落地後，很多人聽到「給愛麗絲」的旋律就會心悸；某個品牌的咖啡杯在手，會讓人覺得自己是有品味的知識中產階級；當股市盤面的數字變化，心情也隨之高高低低……這些無一不是制約學習。有趣的是，華生在離開學術界後轉而投入廣告界，他的豐功偉業之一是讓媽媽們「學到」每次換尿布後替嬰兒灑上爽身粉是多麼重要的事情，藉以創造爽身粉製造商的龐大商機，我們再次看到簡單的行為學原理在大師手中變得多麼不可思議。

・增強：讚美和處罰如何影響我們的行為

行為主義的另一個重要概念是「增強」（Reinforcement），或稱「強化」。當一個六歲的男孩在妹妹哭泣時去擁抱她，因此受到父母的稱讚，往後男孩可能更常出現安慰別人的行為，這個例子中，父母的稱讚做為「增強物」，強化了男孩的安慰行為。相似的例子時常在百貨公司的玩具部上演，當父母屈服於眾人的異樣眼光，勉為其難替在地上打滾加哭鬧的孩子買了他想要的玩具，我們就能推測往後類似劇碼重複

失敗不見得是錯誤，也許只是一個人在既有條件下盡了本分的結果。真正的錯誤是停止嘗試。——史金納。

演出的機率很高，因為玩具增強了孩子的哭鬧行為。

多數亞洲文化比較熟悉的是與增強相反的概念，那就是每個人都曾經歷過的「處罰」。增強與處罰同樣都能用來改變行為，區別是**增強能夠使行為出現的機率增加**，**處罰則意圖減少行為的出現**，為人師長或父母的都清楚這種難處，處罰對於消除孩子不當行為的效果遠優於正向管教，然而在目前教育氛圍下，執行懲罰管教往往動輒得咎，對此是否有較折衷的做法呢？

心理學的行為改變技術中，又將處罰分為正、負兩種，**「正處罰」是給予不喜歡的刺激（責罵、體罰）**，**「負處罰」則是剝奪喜歡的事物（不准上網、不准喝可樂）**。負處罰的優點包括：孩子的不舒服通常比接受正處罰來的輕微而間接，除了矯正不良行為外，還能慢慢訓練孩子衝動控制的能力。當然負處罰在使用上的要求相對較高，若無法先投其所好，剝奪起來不痛不癢自然效果不彰，而要找到孩子真正在意的東西，往往比

名家軼事

➲ 行為學派學者史金納同時是發明家，由於母親嚴格的要求，即使睡衣沒掛好，也會受到責罵。為了適應管教，他設計了由衣鉤、滑輪和木牌組成的裝置，只要睡衣沒掛在衣鉤上，寫著「掛好你的睡衣的木牌」就會落下。觀察他的青少年之作，不難了解，他為何能設計出著名的史金納箱。

直接訓斥一頓困難得多，所以在使用上需要更多的心思與智慧。

以習慣用哭鬧方式來要求的兒童為例，如果孩子有這樣的狀況，就要事先衡量狀況來告知規則，比如六歲以上的兒童可以說：「等一下我們要去逛你喜歡的玩具部，現在時間是四點，如果你乖乖的話可以玩三十分鐘，也就是手錶的長針走到六的時候，可是如果你吵著要買玩具，或是時間到了賴皮不走的話，我們就馬上回家，而且晚上就不可以看遊戲王的卡通」。這些規則在跟孩子討論的時候可以有些彈性，一旦確定孩子懂了之後，就請他答應遵守。

規則訂完後，行為心理學家對於父母的建議，就是知易行難的「堅持」兩字。假若孩子的確出現了吵鬧或賴皮的行為，不論父母心軟買玩具或延長時間都是一種「增強物」，因此處理方式就是按照先前所說的立即離開，避免強化不當行為；晚上剝奪看卡通的權利，則是「負處罰」。當然，如果孩子遵守約定，也不要忘了好好稱讚一番，才能強化孩子的良好行為。若對詳細操作技巧有興趣的讀者，可自行參考行為改變技術專門書籍。

行為主義的拿手好戲自然是改變行為，由於能夠準確預測與有效率的控制，今日

未曾活過的人生並不值得檢驗。——柯普。

各式各樣的技術已被系統化地應用到教育、輔導、臨床、司法、工商等心理學領域，特別是在教育界中，行為主義的影響力遠遠超過精神分析。

行為主義科學化邏輯實證觀點的代價，是蒙受「去人性化」的批評，畢竟，若所有人類行為都能化約成一連串制約、增強、懲罰的形塑結果時，似乎很難說明人類與動物有什麼本質上的差異，而所謂的愛、自由意志、尊嚴等高貴情操，也找不到立足之地了，這直接帶來了下一股反動思潮——「人本主義」。

c.人本主義（Humanism）：從心理治療開始

人本主義約莫於一九五〇年代崛起，很大一部分原因是針對精神分析與行為主義兩者的反思與反動，也被稱為心理學的第三大勢力，其靈魂人物羅傑斯（Carl Rogers），就如同佛洛伊德之於精神分析，羅傑斯可說是人本主義的代名詞。人本主義拋棄行為學派所倚重的邏輯實證主義，深受存在主義與現象學影響，羅傑斯的貢獻在於將哲學概念轉換成一門系統性的心理治療方法，他既是理論的發展者，也是人本運動的倡導者。

．以「人」為本的案主中心治療法

從羅傑斯式治療法的名稱，可看出其命題如何與前兩大勢力相異。最早羅傑斯宣稱自己使用的是「非指導性」（Nondirective）治療，隨後改為「案主中心」（Client-centered）治療，晚期則稱為「個人中心」（Person-centered）治療，姑且不論他為何一再斟酌推敲這些字眼，也可看出這些名稱暗示著其他治療取向可能是「指導性」或「治療師中心」的，當然，並非所有心理學家都同意這種指控。

案主中心治療的重點放在我們身而為人的重要價值，它相信人類生命的本能是朝向有意義的發展，因而心理治療是在開發與釋放個體本來就具有的能力，而非對人格做專業的操縱。羅傑斯反對精神分析的病理觀點，拒絕行為主義的預測控制，他對每個個體的成長潛能深具信心，認為人人都有為自己選擇與負責的自由意志，如此正向與熱情的態度使人很難不為其動容。

羅傑斯認為治療產生效果的關鍵，是治療師能否提供一個溫暖、安全、接納的

好的人生，是一個過程，而不是一個狀態；
它是一個方向，而不是終點。　——羅傑斯。

治療關係，換言之，治療師的角色是提供充足的陽光、空氣、水等外在條件，讓案主內在的種子有機會發芽成長。羅傑斯指出，案主中心取向治療師最重要的特徵有三項，分別是「同理心」（Empathy）、「無條件的正向關懷」（Unconditional positive regard）、「真誠一致」（Congruence）。

「同理心」：治療師放下自己先入為主的判斷，嘗試站在案主的角度，以對方主觀的方式看世界，並儘可能理解案主的想法、貼近案主的感受。這樣的努力能傳達出一種建立治療關係的意圖，使案主感到自己正在被瞭解，這通常能帶來某種安心與撫慰。同理心並不意味著拋棄客觀性去完全認同對方，它是一種願意嘗試瞭解的態度，一種**「我的觀點並不凌駕於你」**的尊重。

「真誠一致」：治療師不需隱藏在專業或冷靜的面具之後，也就是不刻意隱藏或壓抑其想法或感受，羅傑斯認為這種誠實不矯作的態度，能讓案主認識到在他眼前的治療師是一個「真正的人」，這能產生安全與信任的感受，而使案主同樣在互動中敢於展現自己真實的面貌。

「無條件的正向關懷」：我們都需要表現出特定的樣子，才能夠從真實世界的關係中得到關懷，不論是父母、伴侶、朋友，這些關係所提供的接納都是有附帶條件的，只是多寡與否的差別，這稱為有條件的正向關懷。羅傑斯認為案主中心治療師必須擱置價值判斷與偏見，不論案主的姿態是頑固、懶散或憤怒，治療師都對案主保持接納與關懷態度，這種氛圍有助於個案逐漸放下過往所習得的種種防衛，做為一個完整的人開始成長。

案主中心治療法的理念，同時帶來了困惑與挑戰，對於治療師而言，會發現要達到上述三個特質遠比初學乍看時困難得多，雖然這些特質多少能夠經由訓練來幫助學習，然而它們本質上並非一種技術，而是一種態度，是以技術易學，而態度難仿，想要成為一位成熟的案主中心治療師，不斷自我辯證與整合是絕對必要的過程。另一方面，許多案主中心治療師認為評估與診斷將破壞治療關係，並矮化個人成長的潛能。這個理念對於受過良好教育、只有輕微困擾的族群或許沒有問題，因為案主中心治療正是在大學校園中成長茁壯，但許多質疑的聲音來自醫療模式與特殊教育體系：完全放棄評估與診斷是否真能更有助於案主？我們是否選擇信任那些帶著智能不足或特殊疾病標籤的個體也都具有同樣發展潛能？自發性的改變必然會發生嗎？需要多長的時

大師語錄　「自我」是由「自我經驗」轉化而來，所以了解「自我」必須了解「自我經驗」。——羅傑斯。

間呢？這些都是值得討論的議題。

除了案主中心治療法，人本主義運動也有許多分支思想，例如：**「存在治療」**（Existential therapy）、**「意義治療」**（Logotherapy）、**「完形治療」**（Gestalt therapy）等學派。雖然現今很少治療師會宣稱自己是純粹的人本取向，然而這並不代表著人本主義的式微，相反的，它在一個更為根本的層面上對心理治療領域產生長遠的影響，人本主義提醒了每一位治療師，治療關係對於任何一種心理治療取向都是重要的，而在病理與問題的框架之外，人類永遠能在當下為自己抉擇、負責，並且不斷變化成長。

人本主義似乎很難令人與科學聯想在一起，因為其現象學的哲學背景隱含著反對**「化約主義」**（Reductionism）的因子，而這正是自然科學所倚重的。令人意外的是羅傑斯本人相當熱衷於研究，實際上他是研究心理治療歷程的先驅者，他率先以錄音與錄影來研究治療過程的有效性，並建立能夠顯示案主好轉的指標。然而除了羅傑斯之

心理學小詞典

➲ **化約主義：**一種科學研究取向，意指任何複雜的系統、事物、現象，都可以通過將其拆解為更小的單位，再行組合的方法，加以理解和描述。此取向之優點是能以簡馭繁，但也有見樹不見林的限制。

外，多數人本主義的治療師都沒有投入太多心力在研究上。

d.認知典範（Cognitive Paradigm）：科學心理學的再次復興

正當人本主義思潮開始於美國盛行不久，一門極為科學研究取向的心理學正醞釀成形，它可說是行為主義學派主宰美國學界四十多年後，科學心理學的再次復興。開始於一位任教於普林斯頓大學的心理學家米勒（George Miller）的揭竿起義，他挑戰長久以來心理學界的禁忌領域：「人類意識」，也就是行為主義者所稱的「黑盒子」。隨後，越來越多心理學家放棄了老鼠迷宮與鴿子壓桿……等動物實驗，轉往研究人類高等心智歷程，這場典範轉移的思潮稱為「認知革命」，孕育出認知心理學，並席捲了泰半的心理學領域。

·心智如何運作：從電腦發現人腦的運作模式

受到當時資訊科學領域急速的發展，認知心理學初期主要在兩方面得力於資訊科

大師語錄　所有智力方面的工作，都要仰賴於興趣。
——皮亞傑。

學，首先，心理學家藉由資訊處理的概念，開始揭開行為主義的黑盒子，將人類意識類比為資訊處理系統的思維，開啟了前所未聞的大量研究；其次，一九七一年個人電腦問世後，心理實驗法如虎添翼般達到前所未有的高峰，有了電腦系統的協助，以往受限於測量技術的困難研究都被賦予了可行性，就如榮獲諾貝爾經濟學獎與國際人工智能協會終生榮譽獎的心理學家西蒙（Herbert A. Simon）所言：「電腦對於心理學的重要程度，不亞於顯微鏡對生物學的重要程度」。

認知心理學這個名稱正式誕生於一九六七年，當時康乃爾大學的心理學者奈瑟（Ulric Neisser）出版了同名書籍，他將認知心理學定義為一門**「知識如何被人類學習、組織、儲存與運用的學問」**。後來學者對於奈瑟的見解並沒有太多異議，只是偶爾把「知識」改為「訊息」，因而認知心理學的基本架構就是訊息處理模式（Information processing model）：將人類視為主動的訊息處理者，把整個處理歷程分為不同階段，再細部去研究每個階段，這個研究取向顯示認知心理學大半是建構在化約主義的基礎上。

．神經科學的發現：生理如何改變我們的行為

到了一九八〇年代之後，認知心理學發展的路線開始微妙的變化，一方面認知典範的研究方式廣泛的被其他心理學領域借鏡；另一方面其軌跡則開始與「神經科學」（Neuroscience）交織在一起。

神經科學本身具有悠久的歷史，早在一八六一年，法國神經科學家布羅卡（Paul Broca）就報告了一個腦傷病人的案例，他發現在左腦額葉特定區域的受損產生了失語症，使病人能夠聽懂話語卻無法表達，只能重複發出「tan」的單音，因此他推論這個區域與語言表達能力有關，這個大腦區域後來就命名為布羅卡區。

布羅卡的發現開啟了「腦區域定位」的研究方向，如果有「語言區」的存在，理論上也應有其他大腦區域負責不同的功能，像是「記憶區」或「情感區」，於是神經科學家開始致力將心智功能「定位」在大腦特定區塊。然而受限於儀器與技術，十九世紀前主要的研究方法是先觀察腦傷病人有哪些功能受損，等待腦傷病人往生後進行解剖，看看大腦受傷的組織在什麼位置，再推論受傷的地方可能跟他受損的功能有關。曾有人打趣說，神經科學家是透過無數人的中風來累積大腦功能知識，這在那個

大師語錄　人必須爬上行動的梯子，才能看到對岸的自己。
——貝姆。

年代確有它的真實性。

另一個神經科學史上著名的病人亨利（Henry M.），患有嚴重的癲癇症狀（一種腦部異常放電的疾病）。亨利於二十七歲那年決定接受手術治療，一九五三年的醫學已經發展到足以進行腦部外科手術，然而對於腦構造與心智功能緊密關聯的理解，在當時仍相當有限。主治醫師將亨利腦中一個名為「海馬迴」的構造切除了三分之二，成功的改善他的癲癇症狀，然而更大的問題是，亨利從此患上嚴重的失憶症，終其一生，他的記憶都停留在手術前的三、四天。

我們現在已經知道，**海馬迴的重要功能是把新事物轉換成記憶儲存在腦中**，在失智症患者的腦部就常發現海馬迴的損傷。亨利的失憶症狀是幾乎無法記得任何新訊息（稱為順向型失憶），不但無法記得自己早餐吃了什麼，就連研究他長達四十年的心理學家，轉個身後又成了陌生人。更戲劇化的是亨利逐漸不認得鏡中隨著

名家軼事

➲ 著名的兒童心理學家皮亞傑相當早慧，中學時代就曾撰寫許多軟體動物的論文，並以軟體動物學家的身分發表於雜誌上，當他的真實年齡為人所知時，部分雜誌拒絕再刊載他的文章，他亦師亦友的博物館長朋友幽默的回應道：「年齡竟然成了發表的標準，看來他們沒有別種衡量的標準了。」

年歲增長而改變的自己，因為他只記得自己二十七歲時的樣子。若讀者覺得這樣的案例有趣，二〇〇四年有部精彩的電影《我的失憶女友》（50 First Dates），就是以順向型失憶症為創作靈感，值得推薦。

透過神經科學的知識，我們知道人類的意識或心智功能確實築基於大腦的生理系統中，若將腦傷患者比喻為電腦，就如同大腦這個硬體配件損壞了，心智的軟體必然無法順利運作。隨著腦造影技術的問世，讓我們能直接「看見」活著的大腦，這種劃時代技術的普及，吸引了眾多認知心理學家，紛紛投入大腦與認知功能的關聯性研究。時至今日，心理學家能夠要求受試者進行某些作業，並同時監測他們的大腦哪些區域正在活動。

在心理學發展的認知典範架構下，新的融合領域就此成形，稱為「認知神經心理學」或「認知神經科學」，旨在闡述心理歷程的神經機制。目前許多不同背景的學者投入這個新興領域，除了心理學家外，還包括臨床醫學、醫學影像、神經科學、資訊工程等，臺灣著名的學者洪蘭教授與曾志朗教授，即是認知神經科學領域的專家。

認知典範已公認是目前的主流，它將心理學的科學化運動推向了極致，然而認知

大師語錄 任何形式的成癮均非好事，沉迷於酒精、嗎啡或理想主義都一樣。——榮格

典範已公認是目前的主流，它將心理學的科學化運動推向了極致，然而批評的聲音仍舊存在，其中最直觀的也許是：如果「認知神經科學」在字面上已經沒有心理學的蹤影，那它還歸屬於心理學嗎？再者，極端強調科學的實證取向與主題，也引來與行為主義類似的「去人性化」質疑。然而不可否認的，做為一個基礎學科，認知心理學貢獻出前所未有的科學基礎，許多心理學領域受惠於此，而有了理論與應用上的突破。

3分鐘重點回顧

❶ 人類上古文明遺跡或著作中，均可找到心理學的蛛絲馬跡，包括了印度、埃及、中國與希臘，當時的希臘人從哲學的角度，為人類的心靈活動提出解釋。

❷ 蘇格拉底的辨證法除了影響後世心理學的研究方向，也被目前主流的認知心理治療學派做為重要的治療技巧。

❸ 蘇格拉底指出「意識」或「靈魂」為獨立於肉體的不滅存在，奠定了後世「身心二元論」的觀點。

❹ 柏拉圖曾提出人的靈魂如同兩頭馬車，分別為「精神」和「欲望」，這兩者由

「理智」駕馭，這和佛洛伊德的人格理論：「超我」、「本我」及「自我」的概念不謀而合。

❺ 亞里斯多德提出心靈的本質是人類在思考過程中所採取的步驟。

❻ 笛卡兒再度確立人類分成具有意識的靈魂和身體兩部分的身心二元論，而靈魂的意志透過松果體來使肉體執行。

❼ 一八七九年，德國出現第一個心理學專門的實驗室，使心理學逐漸成為一門獨立的科學知識。

❽ 精神分析的立論基礎主要來自「個案研究法」，核心假設為心理決定論，注重潛意識，也就是人類所有的行為、動作、語言的背後都隱藏著豐富的心理意涵。

❾ 行為主義學派認為心理學是一門客觀實驗性的自然科學，目標就是對於行為的預測及控制。

❿ 人本主義學派將哲學概念轉換成一門系統性的心理治療方法，相信生命本能會朝向有意義的發展，心理治療的功能在開發與釋放個體本來就具有的能力。

⓫ 認知學派將人類意識類比為資訊處理系統，開啟大量研究，並使用大量的心理實驗法，他們認為心理學為訊息如何被人類學習、組織、儲存與運用的學問。

心理學的重要學者與理論

-Scholars & Theories-

在上一章已經依歷史發展順序介紹了當代心理學的重要典範，接下來我們試圖精選幾位古往今來的心理學大師，來彰顯心理學世界的豐富內涵。這些大師們每一位都具有其獨特的心靈地圖，提供剖析人性現象的多樣視角，而透過其生平軼事，我們將更容易瞭解其思維如何產生，以及心理學家理論中的真正內涵。

榮格（Carl G. Jung）：走入集體潛意識

據聞榮格首次與佛洛伊德會面時，兩人不眠不休聊了三十個小時，而後榮格還被佛洛伊德選為第一屆心理分析協會會長，足見當時他們對彼此的敬重與欣賞，也許兩人都料想不到這段亦師亦友的關係會開高走低，只維持約莫十年即告破裂。有意思的是，這兩位精神分析代表人物之間的愛恨情仇，正巧可以用精神分析的觀點來討論。

精神分析中一個頗受爭議的核心理論稱為「伊底帕斯情結」（Oedipus Complex），主要源自希臘神話中伊底帕斯王子弒父娶母的故事，所以也被稱為「戀母情結」。根據佛洛伊德的說法，男性在幼年時期會不自主地對母親產生愛慕之情，並對其父親產生嫉妒與恨意，嘗試與父親競爭來贏得母親的愛。若男性在人格發展過程未解決他的伊底帕斯情結，將會使其對具有權威形象的人物抱持著敵意。在二十世紀初保守的維多利亞時代，這個論點引發了激烈的抨擊言論。

回顧榮格的成長背景，他生於一個傳統基督教家庭，卻很早就對身為牧師的父親徹底失望，埋下了他往後轉往東方文化尋求靈性發展的種子。聰穎而權威的佛洛伊德的確某種程度滿足了榮格對於父親形象渴求的投射，然而從最初兩人一見如故，到開始為了見解不同而爭論，佛洛伊德曾表示榮格具有「伊底帕斯情結」，意圖要毀掉象徵父親的佛洛伊德本人，奪取象徵母親的精神分析。

佛洛伊德在一次分析完榮格的夢境後，卻拒絕讓榮格分析自己的夢，理由是「不能冒著傷害他權威的危險」，這種不對等的態度讓榮格再次對父性權威失望，他說道：「當他（佛洛伊德）這麼說時，就已經喪失他的權威了」。這次事件使兩人關係

大師語錄　我在所有的事情上見到對立。——榮格。

正式絕裂，榮格離開精神分析的領域，很長一段時間陷入事業的低谷，隨後榮格就開始走出自己的道路，如果佛洛伊德的理論代表父性權威的陽性思想，榮格則是一頭栽進了直覺與靈性的陰性領域。

學說1 榮格心理學的核心：原型

榮格的思想脫胎於精神分析的框架，豐富了潛意識概念的內涵，他從治療病人的經驗中發現，在我們潛意識之下還存在著更為深層的結構，他將其命名為「集體潛意識」（Collective Unconscious），用以與個體潛意識區別。個體潛意識的主要內容為成長過程中不被認可或遭到壓抑的經驗（如：伊底帕斯情結），而集體潛意識則是遙遠的祖先或共同文化所留下的經驗刻痕，是人類心靈底層普遍存在的結構，因而比個體潛意識更為深

名家軼事

➲ 佛洛伊德著名學說之一「伊底帕斯情結」，某種程度和自身的經歷有關，佛洛伊德和父親關係不睦，因此他對旅行充滿了狂熱，他曾說，旅行的樂趣來自於童年願望的實現，而根源來自對家庭的不滿。對他而言，熱愛旅行代表著自由，也是脫離父親的象徵。

邃、更難以觸及。

榮格將個體潛意識比喻作海面上不同的島嶼，表面上彼此獨立的群島，終究在海平面下相互連結，而在海底深處承載著不同島嶼的廣闊地殼，就是所謂的集體潛意識（在佛洛伊德的冰山模型則無這種看似分離實則相連的意涵），集體潛意識的理論受到東西方宗教中的合一思想所啟發（即宇宙萬物皆彼此連結），榮格也從神話學中汲取養分，進一步描述集體潛意識的內容——「原型」（**Archetypes**）。

原型是種高度抽象的精神概念，代表人類與生俱來表現某種形象的驅力，榮格討論過各式各樣的原型，其中母親原型就相當普遍，每個人都會在生命某個階段或多或少扮演母親角色，不論是成為實際生兒育女的母親，或是象徵性的照顧者（兒童照顧娃娃或寵物）。雖然同樣受到集體潛意識中母親原型的驅動，每個個體仍會依其經驗形成獨特的母親角色，因而可說原型是某種概括性的發展方向或潛能。著名的原型還有阿尼瑪（**Anima**，男性潛意識中的女性形象）與阿尼瑪斯（**Animus**，女性潛意識中的男性形象），讓我們一見傾心的對象通常是符合自己內在的阿尼瑪或阿尼瑪斯，因為我們找到了自己的「另一半」。

大師語錄　直覺，是一種能看到更多可能性的能力，
一種能同時兼顧大局和細節的本領。　——榮格。

學說2

人前人後兩個樣：「面具」和「陰影」

榮格最為出色的思想之一，也常見於心理治療及靈性成長領域的，是關於「人格面具」（Persona）與「陰影」（Shadow）的論述。人格面具是我們為了生存目的，去扮演符合外在價值標準的樣貌，例如：「優良的員工」、「孝順的子女」、「寬容的伴侶」等等。適應良好的個體，懂得因應場合戴上恰當的面具，見人說人話，見鬼說鬼話。比較麻煩的情況是過度認同某個面具，或錯將面具當成自己本來面目，這會導致缺乏彈性的僵化角色，例如過度認同「優良的員工」可能會使人成為工作狂，犧牲家庭生活與自己休息的時間。

陰影近似於一般所說的人性黑暗面，也就是內心不符合社會習俗或道德觀的部分。榮格描述道：「人格面具和陰影……，一個站在公眾面前，一個躲在旁邊隱藏著。他們正好是彼此的對立面，但又親近得像雙胞胎一樣」。

心理學小詞典

➲ **投射作用：**一種心理防衛機制，將自我的想法、情感、特質套用在外在人事物上，藉之與其保持距離，以降低焦慮感受。喜愛挑剔的人往往最不能接受的是自己的不完美，佛教故事中蘇東坡譏諷佛印禪師為牛糞亦是一例。

陰影人皆有之，表面上看起來越是光明正面的人，背後隱藏的黑暗面往往也更為巨大。當個體越努力去符合社會或關係中的期待（**人格面具**），就有越多真實的自我無法被接納（**陰影**），被封印在內心的潘朵拉盒裡（**潛意識**）。

榮格說：「因為陰影在潛意識中無法被自我直接經驗，所以被投射到他人身上。防衛性的自我能堅持自我正義的感覺，並將自己化身為無辜的受害者……別人是邪惡的怪獸，而自我覺得像是無辜的羔羊」。

例如：一個過度認同「孝順子女」面具的人，可能會犧牲自己的生活，把照顧父母的責任攬在自己身上，等到精疲力竭之時，才開始指責其他手足沒有盡到做子女的責任，抱怨自己是全世界唯一在乎父母的人。

上述例子也可用以理解「投射」這個精神分析概念，由於個體拒絕接受自己內在有「不孝順與不願負責」的陰影特質，這通常是在成長過程中因害怕處罰而壓抑至潛意識層面，若將陰影特質投射至他人身上，則可產生「陰影不是我所擁有」的錯覺，降低面對自我黑暗面的焦慮感，並保有自我概念的穩定性。我們文化中也有「指著別人時，其實有三根手指頭指向自己」的說法，就近似於投射的概念。

大師語錄 為了自己的真實，不從他人那裡接受自己無法獨立取得的東西。 ——榮格。

陰影是無法消除的，雖然我們都極力這麼做，因為光與影必然一同存在。無視於內在陰影雖能帶來「君子坦蕩蕩」的安全感，但所付出的代價是帶著不完整的自我而活，並時常在生活中經歷或創造出憤怒與無力感。榮格認為我們應該暫且放下讓自我感覺良好的安全感，勇於向陰影敞開，一但陰影能夠被個體直接經驗，就有機會整合看似矛盾的人格面具與陰影，進而超越兩者之二元對立，這即是使自我趨於完整的心靈鍊金術，榮格稱其為**「個體化」**（Individuation）或**「自我真實化」**（Self Realization）。

如果想要走上自我真實化的途徑，我們必須願意停止將陰影投射至外在世界，如同收回那指著別人的手指後，我們得以握拳重獲力量，去面對直視黑暗的不堪與煎熬。以「孝順子女面具」的受害者為例，自我真實化意味著理解到真正困住自己的是內在僵化的道德標準（特徵是將其視為不可動搖的真理），而陰影本質就是自己想要放鬆休息的需求，只不過被意識以道德批判視其為洪水猛獸，如果這番理解足夠深

心理學小詞典

➲「超心理學」研究一系列被稱為超自然的現象，研究在實驗室或日常生活中進行，內容主要包括瀕死體驗、輪迴、脫體經驗、傳心術、預言、遙視和意念力。

刻，就能從無力的受害角色中解脫出來，重新在照顧父母與照顧自我中取得平衡。

學說3 不只是心理學：充滿神祕學色彩的超心理學

除了精神分析之外，以現在的語言來說，榮格具有所謂的「靈媒體質」。榮格早年就對神祕學有莫大的興趣，在他寫給佛洛伊德的信中，顯示了對占星學的熱衷，並表示「占星學是瞭解神祕學不可或缺的工具」。榮格曾定期參加遭惡靈附身的堂妹的降靈會，並做為其博士論文的內容素材。他也鉅細靡遺地描述自己在一家廉價別墅內的多次靈異體驗，包括聞到、聽到，當然也看到了不尋常的事物，在榮格的傳記中，還不乏心電感應、同時性的巧合等難以科學解釋的資料，足見那些隱藏在一般知覺層面背後的神祕疆域，對榮格始終有難以言喻的吸引力。

榮格畢生致力於宗教與靈性的研究，廣博涉獵印度教、諾斯底教派、中國道教、藏傳佛教、禪宗、西方鍊金術等，既可融會貫通又能成一家之言，因而被公認是大師

大師語錄 上癮，就像靈性對完整的渴求。
——榮格。

級的學者。雖然榮格早期由精神分析訓練出身，但透過史料不難發現靈性與意識轉化才是他終身的志業，後世一般將榮格思想歸屬於「超心理學」（Parapsychology）與「超個人心理學」（Transpersonal Psychology）的領域。

艾瑞克森（Erik H. Erikson）：自我認同的追尋

在介紹這位心理學家之前，可以先聊聊關於他大名的軼事，若對英文姓名較為熟悉的讀者，可能發現艾瑞克森的全名是相當特別的，因為依照英文的命名規則，若姓氏是以「-son」結尾的，語意來源就是「某某人之子」，因此Erik-son就是艾瑞克之子的意思，**Erikson**並非罕見的姓氏，但偏偏他的名字又叫做Erik，就難免有點搞不清楚到底誰是爸爸、誰是兒子了。

大師語錄 我為自己命名為艾瑞克森（Erikson），成為自己的來源。——艾瑞克森。

繞了一大圈，當然其中必有故事，取了這麼個奇特名字的，不是別人，正是艾瑞克森自己。艾瑞克森原名**Erik Homburger**，父母都是丹麥人，後來移居德國，雙親離異後母親改嫁給一位猶太籍醫師，艾瑞克森於是就在猶太教的家庭成長。如此複雜的血統背景讓艾瑞克森不勝其擾，當他就讀猶太教學校時，金髮碧眼的白人外貌被同學視為異類遭到嘲笑，好不容易上了中學後，卻又因猶太籍的身分被排擠。這樣的成長經驗讓自我認同成了為艾瑞克森的生命課題，在他三十七歲到了美國後，就在姓名後加上了**Erikson**，等於捨棄原本姓氏，成了自己的兒子，真正「自立門戶」。

艾瑞克森受過精神分析訓練，很長一段時間在美國執業兒童心理治療。在佛洛伊德的理論中，兒童早期需要經過幾個重要階段，才能發展出健全的人格，稱為「性心理發展」（**Psychosexual Development**），包括散見於文本的「口腔期」（**Oral Stage**）、「肛門期」（**Anal Stage**）等專有名詞；佛洛伊德認為不同時期的孩童藉由不同器官來滿

名家軼事

➲ 佛洛伊德的學說假設每個嬰兒都會歷經口腔期，而愛抽菸的人可能是因為在嬰兒時期未能充分地吸吮母奶，所以長大之後為了彌補缺憾，而以吸菸的方式來滿足欲望。有趣的是，他自己就是不折不扣的大菸槍，從二十四歲開始抽菸，平均每天要抽二十根雪茄。

足其「性欲」，再一次的，這位驚世駭俗的大師挑戰了當時社會道德的底線，然而性心理發展理論也是最受質疑的觀點，後來許多新精神分析學派都不再如此強調性驅力對發展的重要性。

艾瑞克森受到性心理發展的啟發，他接受個體在發展過程有階段性的關鍵任務，但他不認為性欲是發展的主要因素，也反對佛洛伊德只強調童年階段的觀點。艾瑞克森以更貼近人類直覺經驗的方式重新闡述發展階段，並將發展拓寬至成人與老年，形成了最著名的學說「社會心理發展」（Psychosocial Development），如字面所示，艾瑞克森將「性」替換為「社會」，以強調個體發展過程中與社會互動的重要性。

學說 從出生到死亡：人生的八個階段

艾瑞克森根據自己多年來的臨床實務，將人生分為八大階段，每個階段都有一個獨特的發展任務，艾瑞克森指出，完成某個階段任務能使人順利前往下一個發展歷

大師語錄 一個人的「自我」會隨著年齡的增長，因其內在生物性心理需求與外在社會環境的互動，不斷發展與平衡。
——艾瑞克森。

程，倘若無法完成任務則會面臨所謂的**「發展危機」**（Developmental Crisis）。

・**第一階段：〇到一歲的嬰兒期**，這個階段的任務是**發展出對外在環境的信任**，而其對應的發展危機則是缺乏安全感，容易對新環境或陌生人感到焦慮。

・**第二階段：二到三歲的幼兒期**，任務是**發展出自律的能力**、學會大人訂下的基本規矩（例如只能在特定場所如廁），未完成任務會對自我缺乏信心或過度害羞。

・**第三階段：四到六歲的兒童期**，智力與動作上都有初步的發展，任務是**學會自動自發，藉著表達想完成某事的意願學習責任感**（例如：想要像哥哥一樣會彈鋼琴，主動開始生澀地練琴），此階段的危機是無法建立自我價值感，容易退縮與放棄。

・**第四階段：六至十一歲的學齡期**，就讀小學的孩子首度面臨學業的壓力，**努力進取**是這個階段需要學習的重要任務，發展順利將能學到求學做事與待人接物的基礎能力，反之則陷入自卑的失敗感中。

・**第五階段：十二到十八歲的青春期**，就讀國高中的學生正面臨生理、心理劇變，時常感到困惑與不確定，這個階段的重頭戲是個體能否**發展出穩定的自我認同感**，也就是對「我是怎麼樣的人？」、「我能做些什麼？」這類問題有個大致的概念。艾瑞克森本人求學時期的經歷，導致了他第五階段的發展危機——「角色混淆」。如同寓言故事中的蝙蝠，長著翅膀卻得不到鳥類的認同，雖有爪牙也不為獸群所接受，艾瑞克森深深困惑於白人或猶太人的抉擇，因為無法依附於某個文化認同正是找尋自我定位最困難的處境，是以艾瑞克森最終選擇拒絕任何一個血脈，以認同自我而非認同父母傳承的方式解決危機。亦有後世的學者認為，艾瑞克森終其一生都致力於自我認同的追尋。

・**第六階段：十九到三十歲為成年早期**，個體在此階段的身心狀態漸趨穩定，開始進入社會職場奮鬥。中國文化認為此階段為邁向而立之年，也就是找到能夠安身立命與依循的生活道路，艾瑞克森則認為這個階段的任務是**發展親密關係**，包含伴侶的愛情與同儕的友情；順利發展的個體能夠在關係找到歸屬感，反之則會有強烈的孤獨感，與社會疏離。

・**第七階段：三十一到六十歲間進入成年中期**，對照中國文化中就是橫跨了不惑與知天命的人生階段。此階段的個體必須有**某種型式的產出，或足以讓自己奉獻心力的活動**，不論生兒育女、建立事業、研發創作、提攜後輩，都有助於完成發展任務。

大師語錄 發展健全的自我應該同時擁有和諧與不和諧的性格傾向，而適應良好的發展是在兩種極端性格中取得平衡。

——艾瑞克森。

生活中也常能觀察到，若是到了這個階段還膝下無子的人，往往會全心投注於工作上。就更細微的心理意義而言，此階段是為即將到來的老年期做準備，開始渴望自己的生命、知識、專業能夠傳遞下去。此階段的危機是變得對社會與他人漠不關心，生命進入停滯期，也失去意義。

．**第八階段：六十歲後邁入人生的最終**，隨著體力與健康的逐漸衰退，個體也不斷地回顧一路走來的往事，以不同的眼光檢視自己的成就、關係、做為、缺憾。第八階段的任務是能夠**將各種人生閱歷統整起來**，體認到不論好壞經驗都是構成獨一無二的自我所不可或缺的，藉此可能達到一種圓滿的完整感，以超然的智慧面對死亡。若無法順利統整，則會對其一生充滿失望與悔恨。

艾瑞克森的理論不僅在教育領域發揮了重大影響，也有別於多數心理學家只重視成年前的人類心理發展。目前發展心理學領域相當強調對於全人發展（Life-Span Development）的研究，主張從出生至死亡的每一階段都有其獨特的發展特質與心理需求，因此在不同的人生階段，發展的著眼點也不相同，艾瑞克森就是走在全人發展思維最前端的開拓者之一。

班度拉（Albert Bandura）：社會脈絡下的學習觀點

班度拉在一九二五年出生於加拿大的一個鄉村小鎮，他的父親擁有一個小麥農場，雖然當地中學只有二十個學生與兩個老師，卻培育出了班度拉這位偉大的學者，他二十六歲時於愛荷華大學取得臨床心理學碩士，翌年即得到心理學博士學位，班度拉長年任教於史丹佛大學心理系，一九七六年擔任美國心理學會會長，二〇〇四年獲頒傑出心理學終身貢獻獎，精力充沛的他至今仍於心理學領域服務。

在班度拉攻讀學位的期間，他對行為主義採用實驗的明確效果感到印象深刻，當

大師語錄 人類的行為大都經由學習而來，個體自出生就無時無刻、不知不覺中學習他人的行為，隨著年齡的增長，在行動、思想、感覺以及對事物的看法，終於變成一個為家庭及社會所接受的社會人。　——班度拉

時又正值認知心理學崛起的時間點，雖然他的學術立場並未隨著轉移至純然的認知典範中，但他採用截長補短的方式，廣納他人的學習理論或類似於認知心理學的概念，來補充傳統行為主義的不足之處。班度拉創立了「社會學習論」（Social Learning Theory），「學習論」通常是行為主義的代名詞，班度拉加上了「社會」兩字與之區別。

學說1 從旁觀到實踐：社會學習理論

社會學習論的觀點認為，人類的學習歷程並非如同傳統行為主義描述的那般簡單。班度拉認為人並非只是被動地被外在環境的制約所形塑。早期激進行為主義者主張人類意識是一個沒有研究價值的「黑盒子」，新行為主義逐漸接受人類意識對學習有一定影響力，但仍使用諸如「內在有機變項」之彆扭名詞指稱思考歷程，而班度拉身為第三代的行為主義學者，已經能夠大大方方的描繪人類的自主性與社會因素在學習中扮演的角色。

班度拉提出的獨特概念為「**觀察學習**」（Observational Learning），他認為人類的行為如此複雜，不可能是逐一親身體驗後才能學到經驗，而一個最為簡便的方式，就是通過在社會關係中觀察他人的行為，只要看到行為出現後結果的好壞，就能學會什麼行為是能做與不能做的，因而減少了不必要的試誤與冒險，由於這樣的學習無需自己親身體驗，因此又稱為「**替代學習**」（Vicarious Learning）。舉例來說，如果小朋友曾經看到家裡養的貓因為偷吃桌上的烤魚而被修理一頓，他會知道動手吃東西前最好先問過爸媽一聲。

・兒童攻擊行為實驗的啟示

班度拉的經典實驗是關於兒童攻擊行為的研究，他將四到六歲的兒童分成兩組，兩組都觀看成人攻擊玩偶的影片，兩組兒童的差別在於影片後段，第一組影片中的成人獲得另一個人的稱讚：「你是個強壯的冠軍！」；第二組影片的成人則受到訓斥：「我以後再看到你欺負弱者就給你一巴掌！」。觀賞完影片後兒童被帶到一個房間中，放著與影片中一樣的玩偶，以及成人用來攻擊玩偶的道具，結果清楚顯示，觀看攻擊

大師語錄 大部分教科書的內容都會過時無效，
但一個人的自我指導能力卻終身受用。 ——班度拉。

行為被稱讚的影片那組兒童表現出更多攻擊行為。

班度拉發現不論把影片換成真人現場示範，或是改成卡通、電影的形式，效果都一樣。這令人不安地聯想到，我們所觀看的媒體都是什麼樣的內容？在某些卡通中，攻擊與血腥的內容直逼成人尺度，而在主流商業電影市場中，動作片充斥著正義英雄所進行的各種暴力活動，這些暴力活動的結果通常是被獎賞的（拯救了世界並抱得美人歸），從社會學習論的觀點，可以推論這類節目帶來的學習效果。

觀察學習需要經過特定的步驟，我們以商業廣告的例子來輔助說明這個歷程。

・**第一個階段**，個體要先**「選擇觀察的對象」**（班度拉稱其為「**榜樣**」），注意其某些特定的行為。班度拉認為成功事件比失敗事件更容易引起人們的注意，而那些具有較高社會地位、較大權力或較佳能力的對象，比較容易成為人們的榜樣。這也是為何廣告總是選擇具有一定知名度的代言人，因為能夠更快抓住你的目光，進而選擇性地注意他們提供的特定訊息，例如：廣告中穿著特定廠牌服飾的女星，被眾多異性爭相追求。

・**第二個階段**稱為**「維持過程」**，也就是我們把觀察到的事件轉換成訊息儲存在記憶中。上述的例子裡，消費者可能逐漸產生一種認知或印象，覺得該廠牌服飾是被女星的美學品味所認可才為其代言，或將該廠牌服飾與吸引人的魅力連結在一起（附帶一提，並非所有人都能隨時記得眼前其實是帶有商業目的廣告，國中以下的小朋友通常無法區分電視廣告與真實生活的不同，是以廣告對他們有致命的吸引力，不過只要手法夠高明，對成年人一樣有效），而廠商為了讓你印象深刻，會在你常看的節目廣告時段重複播放廣告（他們當然握有每個節目的收視族群資料）。

．**第三個階段**是**「重現過程」**，當印象加強到一定程度，消費者起了「有為者亦若是」的心態（我也想要這件衣服），這個過程牽涉到模仿能力的運用，在我們所舉的商業廣告例子中，模仿能力指的是得到該廠牌服飾的能力，關鍵可能只涉及付出金額的多寡，但如果想要模仿的榜樣是國際選手的運動能力，顯然重現過程就複雜得多了。雖然我們已經將想要模仿的行為烙印在腦中，也構思了完成的可能性，但我們也許真的會做，也可能想想就罷了。

．**第四個階段**為**「動機階段」**，此階段的重點是能不能表現出習得的行為，端視有沒有足夠的誘因，比如說，你實際到了服飾專櫃去，發現正在週年慶特價，試穿

大師語錄　偶然的機遇並非不可控制，個人的主動性可以引導人進入讓幸運事件發生的環境中。　——班度拉。

了之後發現的確很適合，那衣服被你帶走的可能性就頗大，相反的，假如你發現這件衣服要花掉你半個月薪水，還得減掉至少三公斤才塞得下，那就另當別論了。誘因是很主觀的，比如說你看到同事努力拼業績得到了主管稱讚，但你比較想要的是加薪，那你可能就對拼業績這事興趣缺缺，也就是雖然已經知道這麼做會有好結果，但不見得會表現出來。

前面曾經介紹過，認知典範的特點是詳述人類訊息處理的不同階段，因而上述「社會學習論」的四階段帶有濃厚的認知典範色彩，而行為結果的好壞能夠增加或減少個體表現行為的機會，完全是行為主義的概念，班度拉只是特別強調「社會觀察」這種學習途徑，以及人有自由意志去選擇要學習什麼與表現什麼，但並未否定行為主義的基本原理，因而一般學者認為班度拉的理論主要屬於行為主義加上認知典範後的折衷觀點，這個觀點脈絡近來也被稱為「社會認知理論」（Social Cognitive Theory）。

名家軼事

➲ 班度拉從小在艱苦的條件中求學，他出生的鄉村缺乏資源。他回憶道：「當時所學的大多數內容都過時了，但那期間養成的自主性一直都發揮重要的作用，指導着我工作、學習、研究等。」功成名就的班度拉以「我能做到」解釋「自我效能」，他說這句話正是自己一生的寫照。

學說2

信念會不會影響成就？關於自我效能理論

班度拉另一個發人深省的認知論點，稱為「**自我效能**」（Self-efficacy），自我效能類似口語所說的「自信」，班度拉將其定義為對於自己是否能達成特定任務的信念，以及對於結果的預測。自我效能會影響個體表現其真實能力，班度拉發現，即使個體已經具有足夠的技能，但假若他對自己的能力有所懷疑，那同樣無法有良好的表現。而自我效能高的人則比較願意挑戰困難的活動，面對逆境時不易放棄，以及有較好的情緒狀態。

部分學者認為班度拉的觀點較為繁雜，以致於系統性薄弱，且對於人類的認知層面描述不夠清晰。然而班度拉的理論在教育領域卻深受重視，社會學習論強調環境中榜樣的重要，以及個體主觀經驗在學習歷程中所扮演的角色，這都是傳統行為主義所欠缺的，班度拉的貢獻在於完善學習歷程的理論，使其更具包容性與實用性，對於學習相關領域的工作者頗具參考價值。

大師語錄　選擇是否讓道德標準參與其中的能力，幫助解釋人們為何可以在前一秒殘酷，下一秒卻富有同情心。

——班度拉

馬斯洛（Abraham Maslow）：自我實現的需求

馬斯洛與羅傑斯同是廣為人知的人本心理學家，羅傑斯主要貢獻在於將人本主義轉為系統化的心理治療技巧，馬斯洛則是致力於人本精神的學術理論上，他與友人在一九六一年創辦《人本主義心理學期刊》，闡明人本心理學的核心理念為關注人類的精神健康：為了達到積極正向的心理狀態，人類有必要在此時此地（Here and Now）為自己的行為負起責任，並透過不斷地自我瞭解來成長，才能獲得真正的快樂。

馬斯洛出生於一九〇八年紐約的布魯克林貧民區，在七名手足中排行老大。由他的自述中可以得知其童年生活並不快樂，一方面是他的母親無暇顧及所有的孩子，馬斯洛從沒有自家庭中得到太多滿足，另一方面則來自於他的猶太人身分，受到同學與師長不友善的對待，於是馬斯洛逐漸習慣一個人待在圖書館與書為伍。這一切直到高中後都變得不同，馬斯洛將他在布魯克林高中的生活稱做「幸福生活的開始」。

在威斯康辛大學攻讀博士學位過程中，馬斯洛與一位著名的心理學家哈洛（Harry Harlow）共同從事研究。哈洛廣為人知的實驗主角是一群可愛無比的恆河猴，小猴子們與生母分開之後，實驗者提供了兩個代理媽媽，一個以鐵絲網製成但有奶瓶可提供奶水（雖然冰冷但可填飽肚子），另一個則是以絨布製成可供小猴子擁抱。實驗結果顛覆了「有奶便是娘」的預測，小猴子除了饑餓難耐時到鐵絲網媽媽那兒進食外，大多數時間都在絨布媽媽身上尋求溫暖與慰藉，哈洛也以一系列相關的研究發表了著名的「**依附理論**」（Attachment Theory）。

哈洛後續的研究發現，雖然有絨布媽媽提供溫暖，但對於恆河猴的健全發展似乎仍不足夠，自小被隔離而缺乏真正母愛的恆河猴，長大後出現自閉、自虐與攻擊行

大師語錄 音樂家就要作曲，藝術家就要作畫，詩人不能不寫詩，否則他始終無法安靜。——馬斯洛。

為，亦無法順利與異性交配，縱使透過強迫方式使其懷孕，缺乏母愛的恆河猴不僅不會照顧親生骨肉，甚至還出現虐待與殺害孩子的行為，這個研究顯示童年時期所受到的關愛與照顧對於人的心理發展如何重要。咱們這個時代出現了個新潮的詞兒叫「iPad褓姆」，不管何時何地給孩子一臺平版電腦，玩著玩著他就不吵不鬧了，但以依附理論的觀點看來，這種代理母親還是能免則免的好。

學說1 衣食足而知榮辱：需求層次理論

有人說哈洛真正想談的其實是愛，他與馬斯洛同樣與母親疏離，也許痛苦再多一些，又經歷多次憂鬱症發作，讓他直覺地在學術道路上尋求療癒。而馬斯洛則在畢業

心理學小詞典

➲ **依附理論：**幼兒在發展早期需要依附於其照顧者，形成親密的關係，否則會對成長後的心理與社交能力產生不利影響。根據幼年時期依附模式的不同，亦能預測個體將來的人際關係品質，以及其與伴侶互動之模式。

後，選擇回到故鄉的布魯克林學院工作，或許他受到哈洛「依附理論」的啟發：如果猴子對於親情溫暖的需求大過於生理需求（至少是在有得選擇的情況下），那人類又是如何運作呢？假若在求得溫飽之後，人就能滿足於現狀嗎？對於愛的需求又放在哪個位置？馬斯洛對這些提問的解答，就在他後來提出的「**需求層次**」（**Hierarchy of needs**）理論。

顯然，人之所以異於動物，在於擁有更加複雜的思維、情感，甚至有身而為人的尊嚴與自由意志，這也是人本主義最為強調的部分，然而馬斯洛認為人類的需求是有高低層級之分的，由低至高的五種需求分別為：**生理需求**、**安全需求**、**愛與隸屬需求**、**自尊需求**、**自我實現需求**（Self-actualization）。他認為追求高層次需求的滿足對心理健康有所助益，越往高層次發展的人，越不容易有焦慮、恐懼等心理疾病，馬斯洛也提到，低層次的滿足能夠舒緩緊張與壓力，但高層次的滿足則能帶來較為深刻的幸福與內在寧靜。

需求層次理論中最低的兩個需求，生理需求是指飲食、居所、性等生物本能，安全需求則是免於危險或疾病威脅。不僅僅是人類，生理需求與安全需求，可說是所有

大師語錄 一個人最好的運氣和最大的福分，
就是有人付錢請他從事衷心喜愛的工作。 ——馬斯洛。

生物都渴望被滿足的。一般而言，饑寒交迫或有生命危險的人們最關心的，還是如何能夠活下去，如我們在歷史所見，饑荒與戰亂如何讓人類的行為無異於野獸；同樣的，如果國家政府要推動道德意識、藝術美感的養成，在景氣低迷時期，必然較富裕安定時期困難許多，這便是需求階層理論的核心論點：較低層次的需求獲得一定程度的滿足後，人類才有心力去追求下個層次的滿足。

倘若衣食無缺、安全無虞，不再人人自危，我們便開始致力於尋求與外在世界情感的交流，這個層次被稱為「愛與隸屬需求」或「社交需求」，也就是我們從家庭、朋友、同學、同事等社會關係中，得到關懷與撫慰，在其中我們扮演某個團體中的某個角色，從而感覺到自己並非孤獨的活著。就如常聽到的那句「人是群體的動物」，社交需求能夠帶來更深一層的心理安全與滿足感。在退休人員身上也能夠看到，充足的物資並不保證生活

名家軼事

➲ 馬斯洛出生紐約布魯克林區的猶太家庭，父親酗酒，母親性格冷漠而暴躁，使他的童年十分痛苦。他曾如是自述：「我是在圖書館的書籍中長大的，幾乎沒有任何朋友。」在閱讀過程中，美國總統傑弗遜和林肯成了他心中的英雄人物。而當他開始發展自我實現理論時，這些人則成了他研究中的基本範例。

的良好品質，那些有著親人關心或社團活動的退休者，通常對生活有更高的滿意度。

第四個層次，是關於自我價值感的需求，「自尊需求」指的是透過成就來突顯自我重要性，進而得到他人的認同與肯定。自我價值的一個部分，是透過與他人比較而建立的，因而與上一個愛與隸屬需求相較，我們開始不再以擔任機器中的小螺絲釘自滿，而是要更具體的瞭解，我究竟能做出什麼樣的獨特貢獻。處於這個需求層次的人，可能更加積極地追求諸如財富、權力、地位……等具體成就，或發展其他能夠提升自我肯定與榮譽感的事物。

「自我實現」則是人類獨有的高層次需求，包含馬斯洛在內，所有人本主義者都堅信，人性中普遍存在自我實現的渴望：一種想要將自我潛能發揮到極致的內在驅力。在「自尊需求」的層次中，我們追求競爭力與出色表現，為了適應社會標準，往往必須戴上各種面具，壓抑住內在那份純真與創意，「自我實現」則是一條返璞歸真的道路，因為個體不再耗費大量心力，去經營與維持理想的自我，而是將注意力轉向內在，探索並統合深層的矛盾。

馬斯洛整理出自我實現者重要的共通特質：對自我及他人的接納與尊重、自然地

不論結果是好是壞，每個人都有內在的存在價值，
任何負面的行為都無法抹殺做為人的價值。——馬斯洛。

表達情感與思想、獨立自主並享受生活、不輕易認同世俗的觀點、時常帶著好奇與幽默感、時常展現改進生活的意願與能力、擁有知己好友與親密關係等等。蘊含於這些令人生羨的特質底下，可簡單比喻做「**第二純真**」（Second Naivete）的精神：**同時擁有成人的知識經驗與孩童的不拘創意，貌似矛盾卻又統合的自我狀態**。若能達到此番人生境界，讓人心嚮往之。

學說2 核心觀點：在想要和需要間掙扎

馬斯洛理論的核心觀點，是需求具有層次之分，雖然能夠找到一些例外的個案，如：聖雄甘地可以為了崇高的目標，放棄生理需求及安全需求，但對大多數人而言仍然適用。雖然人人都渴望更高的生命體驗，但仍有必要提醒的是，當一個社會正處在景氣低迷時，生理與安全的需求仍然是最優先的，能吃能睡之後，行有餘力再來追求高層次需求是比較合理的，套一句臨床心理學的專業術語來說，是比較有現實感的。

我在臨床實務上曾見過一個案例，三十歲男性，因長期失業而心情低落，分析其原因，一來是難以屈就低薪的工作，不願為五斗米折腰，再著，頂著碩士學位也不願從事勞動職缺，總認為自己被大材小用。他平均每年要換四個工作，後來落得只能靠失業救濟勉強過活。這個案例是把第四層次的「自尊需求」，看得比第一層次的「生理需求」還要重要，由此可見，無視需求次第之分的結果，可能就會落得孤芳自賞、眼高手低的結果。

另一類極端的案例，是被困在低層次需求中掙扎。縱使吃得飽穿得暖，仍不斷活在匱乏的不安全感中，於是拼了命工作來買高額保險，貸款買透天厝，不但賠上身體健康與人際關係，也總是處在被壓力追趕的狀態，更別提所謂的成就感了。

上述例子顯示對於「基本需求」的錯誤認知，可能導致我們過度投資心力在安全感上，依馬斯洛的觀點，這意味著生活中將有更多的焦慮與恐懼，也錯失用既有條件提高生活質量的可能。馬斯洛首創了「正向心理學」（Positive psychology）這個名詞，理由是馬斯洛認為過去半個世紀以來，心理學圍繞著精神疾病這個主題打轉，而疾病本身是一種負向的概念，因而「正向心理學」在概念上與過去的「負向心理學」

大師語錄 生命的最終目標在於自我成長和自我理解，
只有不斷完善、理解自我才能讓人獲得真正的快樂。
——馬斯洛。

區隔，也突顯了馬斯洛畢生的主張：「**每個人都能夠、也應該，盡可能發揮自我的潛能，進而提升生命層次，追求幸福與滿足**」。

米爾格蘭（Stanley Milgram）：人性的黑暗面

米爾格蘭是近代心理學史上最具爭議，也最富戲劇性的心理學家之一。他在二十七歲時構思出的經典實驗，震驚了整個心理學界，卻也使他的學術生涯充滿坎坷：美國心理學會保留他入會的申請，要求他先接受倫理委員會的調查，主因是他被投訴，在實驗中對受試者的欺騙有違倫理；隨後耶魯大學與哈佛大學又不約而同解聘了米爾格蘭的教職，更別提當時不斷有學者在專業期刊上撰文批評他研究，何以如此才華洋溢的學者，卻落得過街老鼠的處境？

大師語錄　當我們在群眾運動中喪失了自我獨立性，我們得到一種新自由——一種無愧無疚地去恨、去恫嚇、去撒謊、去凌虐、去背叛的自由。　——賀佛爾。

在前面章節，我們曾提過由金巴多教授所發表的史丹佛監獄實驗。米爾格蘭與金巴多同屬社會心理學領域，他們的研究一樣充滿爭議性，他們都在一九三三出生，都是紐約人，實際上，他們高中時就已經是好朋友了。社會心理學的基本主張是「你是誰（性格），比不上你在哪裡（情境）來得重要」，如同監獄實驗所呈現，一般標準所認定的正常人，只要給予特殊的情境，也能展現出暴行，米爾格蘭與金巴多臭味相投，他的研究結果更是有過之而無不及。

心理實驗

➲ 米爾格蘭的岳母曾向他抱怨年輕人都不願讓座，啟發了他的「讓座實驗」。他請年輕實驗助理在公車或地鐵上提出讓座要求。結果實驗發現，不論男女老少，有一半以上的人會讓座給看似健康的助理。這顯示人們多少身受著社會規範的影響，盡可能去協助他人，就像我們從小被教導的那樣。

學說

從眾和服從：我們都是盲目的羊群

米爾格蘭的老師艾許（Solomon Asch）是社會心理學領域的開創者之一，艾許著名的研究主題是同儕壓力，他一九五六年的「從眾實驗」（Conformity Experiments）中，一群人在房間進行視覺作業，作業本身相當容易，只要回答眼前的線條，是比其他線條長或短，基本上小學生來做就綽綽有餘，暗藏的詭計是這群受試者裡只有一個是不知情的「真正受試者」，其他六個人都是樁腳。

研究進行方式是在呈現刺激後，每個受試者輪流作答，而真正的受試者被安排在最後回答的位置。不知情的受試者，很快就發現身處一個奇妙的情境，除了他以外的受試者似乎視力都有問題，明明簡單無比的問題所有人卻異口同聲地答錯，慢慢的，他對自己不再那麼有信心，因為這麼多人一同答錯的可能性實在太低了……。研究結果顯示，四分之三的受試者至少出現一次從眾的現象，屈服於群眾壓力，改口回答顯然是錯誤的答案，只有四分之一的人，能夠堅持自己所見，眾人皆醉我獨醒。

米爾格蘭當時就在構思，如何把「從眾現象」以更加令人印象深刻的方式呈現，他曾在接受採訪時說：「人類的服從傾向，不能只用判斷線條長短為依據，我更想知道群體能不能對個人施壓，強迫他做出更能反映人性的行為，例如：攻擊或電擊他人等……」，這個為科學研究賦予戲劇靈魂的意圖，催生出米爾格蘭匠心獨具的「服從

大師語錄 我們不應試圖控制任何實際感覺，而是應該了解它。人與人之間應相互溝通、相互了解。——米爾格蘭。

權威」（Obedience To Authority）研究。

米爾格蘭首次執行實驗的一九六一年，適逢德國前納粹高官艾希曼（Adolf Eichmann）遭審判與處刑不久，米爾格蘭表示實驗的目的，是為了測試「艾希曼及其他參與猶太人屠殺的納粹黨員，是否可能只是單純服從上級命令？」。言下之意，米爾格蘭不認為艾希曼是天良喪盡的惡人，更極端的說，他想要透過「服從權威」實驗來舉證艾希曼只不過是聽命行事，跟你我沒有兩樣的「普通人」。

「服從權威」實驗設計如下，受試者被告知參與一個「懲罰對於學習行為的效果」研究，受試者兩人一組，依抽籤結果分配老師與學生的角色（抽籤是設計過的，真正的受試者一定會當老師，學生則是研究者的同謀）。全程都有一個穿著白袍的主持人發號施令，首先他要求老師把學生用膠帶固定在椅子並接上電極，隨後帶著老師進到隔壁房間，老師在這個房間雖然看不到學生，但可以通過擴音設備跟隔牆的學生對話。

房間內有臺巨大的機器相當引人注目，上面的許多按鈕標示著不同數字的電流強度，從十五、三十、四十五伏特，到最高的四百五十伏特，數值最高的幾個按鈕還特別註明「危險！極強電流！」。主持人告知這是電擊控制器，他交給老師一張清單並說：「請你用麥克風把上面寫的詞念給學生聽，讓他複述，只要他背錯了，你就電擊他，從最低的十五伏特開始，逐次增加」。如果老師願意的話，還可親身體驗四十五伏特帶來的痛苦程度。

隨著學生不可避免的犯錯，老師開始逐漸增加電擊強度，在按下一百五十伏特按鈕時，隔牆的學生傳來尖叫，說他想要退出實驗（這些叫聲是事先預錄好再播放出來的，並沒有人真的當場被電擊），當老師感到猶豫時，主持人只是面無表情的說「實驗就是這樣，請你繼續」。隨著電擊強度增加，尖叫聲也越來越激烈，當電擊強度增加到三百伏特，學生拒絕回答問題，敲打牆壁嚷著自己有心臟病，要求立刻停止實驗。此時扮演老師的受試者陷入天人交戰，而穿著白袍的主持人只是平淡的下達「請繼續」的指令。

在施以三百三十伏特的電擊後，牆壁的那頭卻是令人窒息的靜默，主持人會提醒道「不回答也算答錯，請你繼續」。接下來不論老師做了什麼，隔壁都不再有反應，就這樣一直到最強電壓的電擊。這個研究有兩種可能結束的方式，其一是聽從主持人

大師語錄 平凡的人，只是做他們的工作，而且沒有任何的惡意，就可以成為可怕毀滅過程的執行者。——米爾格蘭。

的指示進行到最後，給予最高的四百五十伏特電擊，要不就是扮演老師的受試者堅決反抗主持人（定義是連續拒絕主持人四次），實驗就提前停止。

以上即是大致的實驗程序，關鍵的問題是，究竟有多少受試者會乖乖服從命令，完成這個不人道的實驗？米爾格蘭事先訪問過許多人，不論是大學生、一般民眾，或心理學家同事，都一致認為很少有人會聽命進行到最後，頂多到一百五十伏特就會停手，若要他們估計有多少比例的受試者，聽著哀號聲還能進行到最後，多數人認為是百分之一到百分之十之間。

米爾格蘭首次實驗的結果揭曉，結果是**百分之六十五**！不分教育程度與職業類別，研究中總有三分之二的人，執行最強烈的四百五十伏特電擊。雖然每個受試者在研究進行時，都會質疑實驗的正當性，甚至有人表示願意退回實驗的酬勞不幹了，但當中沒有任何一個人，在到達三百伏特前停手，也就是說縱使那些能夠反抗

心理學小詞典

➲ 六度分隔理論（Six degrees of separation）：這個理論亦由米爾格蘭提出，他試圖以實驗證明，世界雖大，但地球上任兩個陌生人要互相連繫，只需透過六個人就足夠。這個研究別名「小世界實驗」（Small-world experiment），普遍被應用在行銷理論中，鼓勵業務員挖掘潛在客戶。

主持人權威的受試者，也都是到了慘叫最嚴重，或沒有聲響時才堅決退出。

後續研究發現，百分之六十五這個比率基本上是穩定的現象，這意味著平凡如你我的人，若在不知情的情況下參與了實驗，也有這麼高的機率會服從權威者的指示，表現出像是虐待狂才有的行為。我們絕不認為自己是如此殘酷的人，光是想想這個可能性，就開始有股不舒服湧上來，更別提那些親身參與實驗的人，被告知真正的研究目的後，感覺會有多糟。

這個實驗留名青史的另一個理由，是它已成了心理學研究倫理議題中的常客，雖然米爾格蘭宣稱，沒有任何人受到「真正的傷害」，但多數心理學家的共識是，服從權威實驗已經踰越了「不傷害」原則。許多參與該研究的受試者，感到自己被愚弄或被利用，如同某位曾參與米爾格蘭實驗的受試者，接受訪問時表示：「你不可能在實驗結束後，才告訴受試者一切都是假的，他們確實動手電擊對方，他們認為自己這樣做了，沒有人可以改變那樣的想法……」。

服從權威實驗充滿戲劇張力，如同苦澀的啟示錄給予人性重擊，讓世人體會到面對權威時，我們往往如此膽怯與脆弱。一但正視這個研究結果，就很難保有那份，我

大師語錄 人與人彼此之間的支持，是對抗權威和獨裁的最堅實的堡壘。——米爾格蘭。

們本質上是好人的自我感覺，將我們與犯罪者區隔的那條道德界線也變得模糊起來，這或許是米爾格蘭觸怒如此多人的真正原因。然而真相能帶來自由，殘酷的真相亦然，若能自覺人性底層的服從天性，不再將生命境遇諉過於權威及制度，又何嘗不是一條重拾力量的道德勇氣之路？

據米爾格蘭太太的回憶，一九八四年米爾格蘭因心肌梗塞發作被送至醫院，為了進行急救，醫師反覆對他進行電擊，恰如受試者在實驗中所做的，直到宣告不治，終於結束他五十一年起伏的人生。

羅芙特斯（Elizabeth F. Loftus）：真作假時假亦真

美國公共衛生期刊一篇二〇〇一年的研究報告指出，約有百分之十三．五的女性和百分之二．五的男性，曾經遭到某種形式的性虐待，這在美國本土一直是無法忽視的問題。事實上，從一九八〇年代開始，越來越多成年人回想起自己的童年，遭受他人虐待的創傷回憶，並指控雙親犯下令人髮指的暴行，在當時衍生出大量的司法訴訟案件。

大師語錄　人們常忘記他不想去記憶的事，並壓抑在心裡面。

——佛洛伊德

一般而言犯罪都有所謂的追溯期限，原告需在犯行發生的幾年內提出告訴，但在一九八〇年代，美國卻有超過三十個州的法院，特別延長提出訴訟的期限，專門適用於那些在成年後，才回想起十年前或數十年前被虐經歷的人們，法律允許他們只要在「記憶回復的五年內」皆可提告，足見當時確實蔚為風潮。這些提告者中，有相當高的比例是曾經或正在接受心理治療的個案，且他們的治療師幾乎都是精神分析取向的，這個現象並不令人意外，埋藏於潛意識的創傷經驗，原本就是精神分析師最感興趣的素材。

精神分析理論認為，創傷經驗如果超出個體的承受能力，為了存活下去就會啟動心理防衛機制，將不堪的回憶壓抑到潛意識中，藉由遺忘，個體可以不必面對強烈的恐懼或痛苦。透過分析師的引導，被壓抑的痛苦得以浮上意識層面，讓當事人逐漸釋放並修復創傷，這在精神分析理論中，原本就是非常合理、非常合邏輯的事情。

心理學小詞典

➲ **防衛機制**：由佛洛伊德提出，意指自我對本我的壓抑，人類為了避免痛苦、緊張焦慮、尷尬、罪惡感等，所使用的心理調整。

學說1

如果記憶不必然等於事實？

創傷療癒如果發生在只有兩個人的治療室中，基本上沒什麼問題，百年來精神分析向來如此運作；再者，如果曾經看過催眠表演秀中，被催眠者津津有味吃著酸不嚨咚的檸檬，就會理解在很大的程度上，我們的主觀感受可以跟客觀事實有極大歧異。人基本上比較是活在主觀的世界中，所以如果有人在治療中想起一段創傷，心理治療師的工作是去治療那個主觀的創傷，而不是像個偵探般把客觀真相查個水落石出，這點至少對那個年代的治療師是如此。

同樣的事情如果鬧上法庭，就不是這麼單純了。一九八八年，一個名為殷格朗（Paul Ingram）的副警長，被他的親生女兒指控亂倫，以及舉行邪教儀式殺害嬰兒等罪行。殷格朗一開始否認所有指控，澄清自己沒有任何相關記憶，當時參與的精神分析師表示，殷格朗之所以想不起來，是因為自己的罪行過於駭人，以至於被壓抑到潛意識中。當殷格朗強調自己並沒有壓抑時，分析師則告訴他，想不起某件事通常就是壓抑的證據，只要承認事情的確存在後，記憶就會逐漸回復。經過二十三次偵訊的五

大師語錄　夢是一種在現實中實現不了和受壓抑的願望滿足。
——佛洛伊德。

個月後，殷格朗開始回想起自己犯罪的經過。

這個案例公諸於世後，很多人立即發現精神分析師在此犯了常見的邏輯謬誤，稱為**循環論證或套套邏輯**（Tautology），邏輯如下：

「如果你回想不起來，那必定是由於壓抑的作用。」→「如果想不起來，要如何知道壓抑確實存在呢？」→「壓抑最直接的證據就是你無法回想起任何事。」

在這個案例中，「壓抑」與「失憶」基本上是同義詞，輪流放在「因為」與「所以」的位置上，這就是互為因果的循環論證。另一方面，殷格朗受到的待遇讓人聯想起中古世紀歐洲的女巫審判，被指控為女巫的婦人被綁在椅子浸入水中，假如淹死了就證明她的清白，假如存活下來就被視為女巫處以火刑，本質上是種未審先判的雙輸局面。

殷格朗是幸運的，後來有學者出面協助證明他的清白，這個案子的結果證明所有

心理學小詞典

➲ **套套邏輯（Tautology）**：邏輯論證上的一種錯誤，乍看之下好像有理，其實前提與結論互為因果，並沒有實質上的論證。例如「怎麼知道神真的存在？」這個問題，回答「因為聖經上說神確實存在，而聖經是神的話語，神的話語必然是對的，所以神存在」，就是使用了套套邏輯。

指控都是不實的，而殷格朗女兒的童年受虐回憶，極有可能是受到治療師的暗示而虛構出來的。在殷格朗的案例中，公平正義得以伸張，但真正的問題是，有多少像殷格朗一樣，卻沒有那麼幸運的人，被精神分析師送進了監獄？又有多少平凡的家庭，由於所謂「潛意識的童年創傷回憶」而破碎？

學說2 真相與目擊證詞：辯方證人羅芙特斯

羅芙特斯出生於一九四四年的美國，研究認知心理學領域，專長於人類記憶功能的運作。對當時許多指控雙親的訴訟案，她相當不以為然，主要原因是在這些案件中，當事人的「記憶」可能是唯一的證據，而她很瞭解記憶功能並不像一般人想的這般可靠。雖然這些案件當中，真實的比例究竟有多少不得而知，的確有研究顯示童年曾遭受虐待者，約三分之一的人在二十年後完全記不得創傷回憶，但羅芙特斯身為一個科學家，以科學邏輯的思維，是去證明透過回想而來的記憶「有沒有可能是假的」。

大師語錄 記憶是心靈中的資訊流動，包含資訊的檢索，以及進一步的心靈處理和取出資訊的過程。——羅芙特斯。

一般而言認知心理學屬於學術領域，而非應用領域，羅芙特斯卻因其獨特的研究興趣，以認知心理學家的身分活躍於司法領域。司法調查程序中常需要目擊證人的協助，提供其回憶做為證詞，羅芙特斯在一九七〇年代開始對目擊證詞的可信度感興趣，她以一系列的實驗證明，受試者的視覺回憶相當容易受到影響，即使是問句用詞上的細微差異，就可能回答出不同的結果，甚至能回憶出原本不存在的細節，這些研究提醒了司法人員，在偵察階段應特別留意引導式問句的使用。

・武器會影響記憶？

研究顯示，即使是目擊證人指證歷歷的兇手，都不能全盤相信。一九七六年由強森與史考特（Johnson and Scott）進行的「武器焦點」（Weapon Focus）研究中，當兇嫌手中持有武器時，被害人會因壓力與恐懼的影響，將多數注意力集中在武器上，

名家軼事

➲ 羅芙特斯本身出生於猶太家庭，在證人生涯中，曾經被要求為被指控為納粹黨徒，涉嫌在三十五年前謀殺大量猶太人的疑犯作證，然而家人包括舅公都曾經身陷於被納粹屠殺的處境，使她陷入嚴重的掙扎中。最後她拒絕為本案作證，同時也被大量的質疑她的專業抗議信件淹沒。

而較少放在兇嫌的臉孔上，因而後續只有百分之三十三的人能成功指認出嫌犯，相對而言，若兇嫌手持非武器時，指認的成功率則上升至百分之四十九，這個研究的重點有二：首先，壓力與恐懼確實會影響到人類訊息處理的精確性，而這恰好是多數目擊證人當下的情緒狀態，再者，即使在相對威脅性較低的非武器組，指認的正確機率也不過一半，顛覆了傳統「眼見為憑」的觀點。

雖然羅芙特斯累積了一些研究證據，但真正讓她立志要全心幫助受誣告的無辜民眾，是一九九〇年的事。當年她應邀協助一個案子：一個六十三歲老人被女兒指控，在二十多年前強暴並殺害她的好友。羅芙特斯以專家證人身分出庭，表明此類事件不可能在遺忘了二十年之後，才突然「憑空想起」，遺憾的是這個觀點並未被陪審團採信，案件最後宣判老人有罪。羅芙特斯強烈意識到，光是證明目擊者的證詞容易被扭曲還不夠，她得想辦法證明記憶可以被虛構出來才行。

・植入假記憶是可行的？

羅芙特斯最著名的研究，應屬一九九五年「賣場迷路」（Lost in the mall）的實

我們一次又一次的驗證了，記憶不必然就等於事實。
——羅芙特斯。

驗。她找來二十四位受試者，首先取得受試者家屬的合作，得到受試者兒時發生的事件資料。隨後每個受試者拿到一份清單，上頭羅列了四件受試者的童年事件（其中一件是研究者杜撰出受試者五歲時在賣場迷路的經驗，其餘三件是真實事件），受試者需回想這四件事並盡可能寫下記憶中的細節，如果真的沒有印象就誠實作答想不起來。

有六個受試者確實回想出他們在賣場迷路的細節，雖然記憶的清晰度不及真實發生過的事件，但四分之一的比例已經頗為驚人。即使研究者告知所有參與者四個事件中有一件是虛構的，仍有五位無法正確指認出杜撰事件。謎底揭曉後，那些回想出虛構情節的受試者都感到相當震驚，因為對他們而言記憶是相當真實的。羅芙特斯以此研究證明植入假記憶是完全可行的，只需透過適當的引導，人們就可運用腦中零散的素材，建構出不曾存在的記憶。

心理學小詞典

➲ **建構式記憶（Constructive Memory）：**

人類記憶功能的運作方式不同於相機或攝影機，無法如實的記錄細節與情境。每當我們回憶時，實際上只是把腦中碎裂的情節影像，用有意義的方式組合起來，重新建構成一個合理的故事，是以記憶往往跟真相有所出入，也不是恆久不變的。

做為建構式記憶（Constructive Memory）的權威，羅芙特斯在研究著書以外，也時常以專家證人的角色參與法庭程序，她的研究證據對於司法程序產生一定的影響力。到了一九九〇年代，那些除了「創傷回憶」以外，無法有更多舉證的兒時受虐案件，美國法院已不再受理。這波訴訟潮流也轉了個彎，許多人開始控告他們的心理治療師進行不當引導，讓他們在治療中經歷不曾存在的創傷。羅芙特斯在這期間面對學界輿論和道德壓力，隻身力挽狂瀾的行徑，也稱得上是功德無量了。

大師語錄　未經反思自省的人生不值得活。
——蘇格拉底。

塞利格曼（Martin E. P. Seligman）無助或樂觀？

「正向心理學」一詞首先由馬斯洛提出，然而積極推動正向心理學，蓬勃發展為一門新興學問的，正是塞利格曼，他肯定半世紀來心理學對於精神疾病所作出的貢獻，但他也表示：「代價是為了脫離生命痛苦的狀態，反而忽略最主要的目的——找出生命的意義」。塞利格曼在一九九八年，以史上最高票當選美國心理學會會長，並以推展正向心理學運動為目標，旨在研究人類如何才能生活得快樂、成功與有意義，另一方面也藉由國際學術會議的召開，增加正向心理學的能見度。由於塞利格曼的貢獻，學者們推崇其為當代正向心理學之父。

學說1 無助的實驗：悲觀極致表現

塞利格曼與長他三十餘歲的馬斯洛同為紐約人，他在普林斯頓大學畢業的三年後，即取得賓州大學博士學位，當時年僅二十五歲。塞利格曼學術生涯的早期以研究憂鬱症病理而聞名，在一九七五年發表的著名實驗中，塞利格曼將狗關在籠中，先是出現聲響之後，對狗進行短暫的電擊，雖然電擊強度並不強（約略像冬天被門把靜電電到那樣），但終究也是不舒服的感覺。由於狗身在籠中，不論怎麼嘗試都無法停止電擊，幾次之後，研究者發現狗已經放棄掙扎。

實驗的下一個階段，在發出聲響之後，電擊前先把籠子打開，給予狗逃脫的機會，然而研究者發現，先前已經放棄掙扎的狗，此時聽到聲響後不但沒有逃出籠子，甚至在真正電擊出現之前，就已經躺在地上發抖與呻吟。塞利格曼認為，在第一階段中，狗學習到了不論做什麼，都無助於停止電擊，於是進入了無助的狀態，塞利格曼將其稱為「**習得無助**」（Learned Helplessness）。

「習得無助」研究中最令人驚訝的事實是，無助狀態可以保留相當長的一段時

 樂觀思想可增強免疫系統。
——沙利曼。

間，已經習得無助的狗，縱使親眼見到別隻狗能逃離電擊（我們已經知道狗的智力能夠使用觀察學習），也不會嘗試逃脫，而只是消極等待電擊的來臨。同理可推，長期陷入無助情境的人，也很可能認為自己不論怎麼努力，都無法改變現況，一但如此認定之後，就進入習得無助的狀態，放棄採取任何有建設性的行動，只是被動接受所發生的一切結果。

另一個習得無助的例子更為怵目驚心，同樣是動物的實驗，只是這次換成了老鼠，實驗者提供一個水箱，老鼠入水後會本能性的把頭探出水面，四肢划動掙扎，實驗者如果將老鼠的頭壓入水中一會兒，放鬆後老鼠會再次抬頭呼吸。研究者發現，一般老鼠都不會輕易放棄求生的機會，但若是在先前透過電擊程序習得無助的老鼠，頭被壓入水中幾次後，就會放棄掙扎而溺死，某種程度上，這些習得無助的老鼠可說是自殺身亡的，習得無助的影響甚至大過動物求生的本能。

・原來悲觀也可以透過學習而來

塞利格曼一直對無助議題有莫大關注，主因是他父親晚年多次中風，長期癱瘓在床，直到父親逝世之前，塞利格曼一直親眼目睹無助感帶來的痛苦如何巨大。帶著這樣的研究興趣，塞利格曼在偶然失敗的古典制約實驗中，找到能夠著手之處：原本動物們的無助反應，被研究者視為不利實驗的阻礙因素，塞利格曼卻看到了其中的價值，這是他人生第一個重大契機，發表了習得無助這個精彩且深具說服力的研究，然而對於喜愛動物的塞利格曼來說，進行動物實驗始終有著道德上的掙扎。

塞利格曼找了一個信任的哲學教授，詢問是否能為了研究，在動物身上施加痛苦的倫理議題，他的老師提了兩個問題：「第一，你是否可能在將來為許多人減輕痛苦，這個痛苦是遠超過你現在加諸於狗身上的？第二，你在動物身上得到的結論可以應用在人身上嗎？」塞利格曼對於兩個問題都給予肯定答案。隨後，塞利格曼承諾一旦得到他所追求的答案，就立即停止動物實驗，他也從此徹底走出對於研究倫理的迷惘。

在累積了約莫十年的研究成果後，發現習得無助的實驗在人類身上同樣有效，因而塞利格曼認為無助就是人類悲觀的重要因素。為了說明悲觀對人生產生的負面影響，他提出幾個重度悲觀者在生活上可能出現的指標：

(1)很容易感到沮喪。

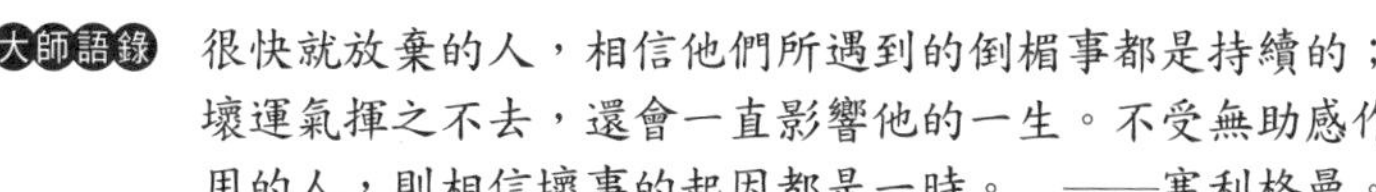
大師語錄　很快就放棄的人，相信他們所遇到的倒楣事都是持續的；壞運氣揮之不去，還會一直影響他的一生。不受無助感作用的人，則相信壞事的起因都是一時。　——塞利格曼。

(2)沒有充分發揮潛能，低於原本能力所能達到的成就。
(3)健康狀況，特別是免疫功能比一般人來得差。
(4)生活缺乏樂趣，了無新意。

塞利格曼認為悲觀的極致表現就是憂鬱症，而即便是中等程度的悲觀者，也比一般人更容易有慢性病與提早老化的問題。

學說2 學習樂觀：正向心理學

年輕的塞利格曼，以習得無助理論一戰成名，然而就在某個巡迴演講的場合中，他人生的第二個契機冷不防地出現了。那是在牛津大學的一場演講，塞利格曼顯得戰戰兢兢，除了牛津大學是個百年學術殿堂外，臺下還坐滿了相關領域中最頂尖的學者，甚至包括諾貝爾獎得主。就在塞利格曼好不容易結束演講後，大會安排的對談人提斯戴爾（John Teasdale）提出了一個尖銳的質疑，麻煩的是，塞利格曼當下就知道，那個質疑是相當重要的。那個問題是：「為什麼在你的實驗中，總有三分之一受試者，不論如何也不會習得無助？」。

塞利格曼展現了科學家的極佳氣度，立即承認自己的盲點，他甚至邀請當場讓自己困窘的提斯戴爾共同參與研究，探討什麼因素可能讓人抵抗無助感的侵襲。他們隨後發現，**關鍵就在人們對於不幸遭遇的解釋**，塞利格曼將人們解釋境遇的方式稱為歸因形態（Attributional Style）。悲觀的人通常如此看待壞事的來由：「都是我不好，不幸永遠不會過去，一切都完了」，這裡的歸因型態特徵分別是，**個人化**、**永久化**、**普遍化**。

「**個人化**」的意思是將失敗或厄運的原因歸咎於自己身上，也稱內在歸因，當一個學生把考試不及格，解釋成自己很笨，即是個人化的歸因；另一個學生，可能怪罪考卷出題偏頗或老師教學不當，則是外在歸因。

「**永久化**」意指面對逆境時，就認定將一直持續下去，壞事的負面影響是長遠的，例如一個被老闆責罵的下屬，永久化的歸因型態是「老闆總是這麼機車」，若是想成「老闆今天心情不好」，則屬於暫時性的歸因。

心理學應該探索什麼使生命值得活下去，並找出值得活下去的生命基本元素。——塞利格曼。

最後一種歸因型態稱為「**普遍化**」，也就是俗話說的「一竿子打翻一船人」。因為片面的不如意就否定掉整體，例如：一個交易告吹，就覺得自己毫無業務能力，或是被裁員了，就認定這是個不公不義的社會。

・原來樂觀的人這樣想

而樂觀的人之所以不會變得無助，是因為樂觀者的歸因形態，恰好跟悲觀者相反。一個被裁員的樂觀者，可能認為是工作不適合他（外在歸因，而非解釋成自己能力不佳）、這陣子景氣不好（暫時性歸因，不會永遠持續下去），此處不留爺自有留爺處（特定性歸因，而非將其普遍化）。簡單來說，樂觀者的歸因型態具有保護作用，壞事不會傷及自尊，也不容易陷入長期或全面的低潮。有趣的是，當身處順境之時，樂觀者對成功的解釋就如同悲觀者對失敗的歸因型態一般「個人化、永久化、普遍化」：這都是因為我的能力強、一直以來我

名家軼事

➲ 塞利格曼曾發表一份長期研究。他從美國大都會人壽的一萬五千名員工中，篩選出一千一百名做為觀察對象，對這些人進行五年長期追蹤後發現：正面思考的經紀人，業績比負面思考的人高出百分八十八，而負面思考者離職率為樂觀者的三倍，可見正面思考之威力。

都表現得不錯、什麼事都難不倒我。

塞利格曼受到認知治療理論（Cognitive Therapy）影響，他認為悲觀的癥結，就在悲觀本身，只要負面的思考模式改變了，那些由內在想法牽引而出的負面情緒、消極行為也會隨之改變。塞利格曼在一九九〇年，學術思考成熟的時刻，寫了一本經典之作，並以《*Learned Optimism*（習得樂觀）》為名（中文書名譯為《學習樂觀，樂觀學習》，遠流出版）。基本概念是如果悲觀與無助能夠透過學習而來，我們當然也能夠學習如何正向樂觀的思考。

塞利格曼創造「**習得樂觀**」一詞，可視為他個人邁向正向心理學的分水嶺，倘若僅是建立悲觀與無助的理論，進一步將負面思考去除，那也再次落入傳統心理學的精神病理模式。「習得樂觀」這個命題本身隱含著追求正向的意圖，而非只求由痛苦的狀態解脫，與「習得無助」有著精神層面的差異，當年塞利格曼在命名時，「負向」與「正向」的差異也許象徵大過於實質意義。

大師語錄　快樂是由三項要素構成：享樂、參與和意義，其中享樂帶來的快樂最為短暫。——塞利格曼。

・正向：去除先入為主的偏見

不過，我們可以從一九七〇年代心理學家羅森漢（David Rosenhan）的研究中發現：「一旦被貼上精神疾病的負面標籤，所有正常不過的行為都會被以病態視角解讀。」

大多數人都會同意，羅森漢的實驗是瘋狂的，他邀請了包括塞利格曼在內的一群好友，連同羅森漢自己，一共八個人，假扮精神病患潛入不同病院，他們經過周詳的行前訓練，被醫師診斷為精神分裂症，需住院治療。遊戲規則是這些假病患一旦入院後，就表現的與正常人無異，研究的目的是測試醫師能否發現，這些人其實是正常的。然而即使真正的病友都發現他們是假扮的（據說曾有個年輕病人對羅森漢說：「你沒有病，要不你是個記者，要不就是教授」），醫療人員仍無法察覺。

心理學小詞典

➲ **刻板印象（Stereotype）**：我們依據性別、職業、種族、宗教、外貌、所屬團體等，以非常概略的方式，為不熟悉的對象賦予某種特質，而這通常不代表真實的情況。例如「護士都很有愛心」、「外勞都很沒水準」、「男同性戀都很娘」、「精神病患都很危險」等。刻板印象屬於社會心理學研究範疇，用以解釋人類的偏見與歧視行為。

不消說，羅森漢發表了這個研究之後，立刻成了精神醫學界公敵，然而他試圖呈現的是，人類看待事物的方式，顯然會被先入為主的立場所扭曲，即使是受過專業訓練的精神科醫師，也無法免於這種偏見。羅森漢使得精神醫學不得不正視臨床誤判的可能，並重新修訂精神疾病的診斷標準。也許正因為塞利格曼親身參與過這個實驗，才如此重視心理學的基本定位，應採取正向的視角。

二〇〇一年，美國九一一攻擊事件發生後，塞利格曼更加關注正向心理學如何有助於人類，也著書討論正向的情緒與特質等議題，可參閱《真實的快樂》（*Authentic Happiness*）一書。

塞利格曼的理論並非完美，曾有人批評一味地將人訓練成樂觀思考模式，可能導致我們對潛在風險視而不見，或降低了自我反省的能力，因此特別是對於那些處於高風險場域，或確實該為自己負起責任的人而言，不見得全盤適用。當然，正向心理學在當代已涵容了多樣化使人類邁向幸福的主題，樂觀僅是其中的一小部分，這一切仍要感謝塞利格曼，他曾經在最有利的位置上做出有力的貢獻。

大師語錄　只做自己喜歡、擅長的事，最容易得到快樂，
重點是，快樂是自己的選擇，而且，就從自己身邊做起。
——塞利格曼。

史登伯格（Robert J. Sternberg）：心理學的理性與感性

史登伯格是目前為止我們介紹過最年輕的學者，一九四九年出生於紐澤西，幾年前才剛過六十大壽。多數學者咸認他為認知心理學者，然而史登伯格過人之處也許在於出色的創意。史登伯格並非一帆風順的菁英份子，由於嚴重的考試焦慮症，幾乎所有紙筆測驗的成績他都糟透了，不僅在小學時曾被編入特教班，就連剛上大學就讀時，系上教授都建議他別主修心理學，因為就連普通心理學這種基礎課程，史登伯格都只能勉強過關。

史登伯格曾聽從教授的建議，短暫轉至數學系就讀，然而因學習狀況並未改善，他還是決定走回心理學的路，這個選擇後來證明是對的，史登伯格的高等教育之路漸入佳境，於一九七五年順利取得史丹佛大學博士學位。他的經歷包括曾經任教於耶魯大學，曾任美國心理學會會長，入選二十世紀百大心理學家等，目前於奧克拉荷馬大學繼續從事研究與教職。

雖然求學過程充滿挫折，史登伯格從不認為自己是個笨蛋，他的結論是多數的測驗型式都無法評估出自己真正的能力（如果還記得塞利格曼的歸因型態，對逆境的外在歸因是樂觀者的重要特質）。這促使他思索智力的本質為何，史登伯格發現自己特別不擅長背誦與記憶，偏偏這正是多數傳統測驗特別重視的，而他真正的優勢能力只因為沒有測量工具而被低估與忽略了。

人是尋求意義的動物。——柏拉圖。

史登伯格提出所謂的「**智力三元論**」（Triarchic Theory of Intelligence），認為人類至少有三種不同類型的智力：**邏輯分析**（Analytical Intelligence）、**創意整合**（Creative or Synthetic Intelligence）、**適應環境**（Practical Intelligence）。「邏輯分析」就是傳統教育著重的能力，包括記憶特定內容，分析歸納後得出問題的「正確解答」，若要有良好的學業表現，邏輯分析能力必定不可或缺。

「創意整合」則是在面臨新環境時，能將既有知識重新組合，創造出新點子的能力，史登伯格提到創造力高的人有時會給出「錯的答案」，因為他們看待事情的角度與他人不同，但這個差異可能轉變成有價值的創意。「適應環境」則是日常生活中實作的技能，史登伯格稱之為街頭巷尾的智慧（Street Smarts），也就是能因時制宜地運用既有能力。時有耳聞某些領域極為傑出的專家，在生活或人際的表現就像個白痴，就是

名家軼事

➲ 史登伯格曾舉過他的三個助教為例，做為智力三元論的註解，第一位助教成績好、邏輯分析力高；第二位常有很多創新的見解，也就是創意力佳；第三位助教人際關係不錯，情緒智商很好，這三個助教畢業後，最快找到工作的是第一個助教（智商好），然而升遷最快的卻是第三個助教（EQ高）。

適應環境的智力較弱。

心理學裡至少有成打的智力理論，回顧過去學者的主張，智力種類從兩種到一百多種都有。史登伯格的獨特之處，是把創造力與生活智慧很明確的界定為一種智力，並依據智力三元論發展出截然不同的智力測驗，來彌補傳統智力測驗的不足。史登伯格另一個引人入勝之處，可能是他對「三」這個數字的迷戀，他偏好將某個主題概念分為三個元素，三元論的優點是兼具簡潔的美感，又可以呈現複雜的交互作用。我們接著將進入他的另一個三元論，就在智力與創造力領域都有相當學術成就時，史登伯格下一個研究主題跌破了許多人的眼鏡。

學說2 親密關係的基本要素：愛情三元論

如果有什麼話題是千古不衰，那必然是「愛情」：這個可能所有認知心理學家一輩子都不會感興趣的研究領域，史登伯格跨進來了，還提出一個頗有說服力的「愛情

愛是一種藝術，需要通過訓練才可以成熟圓滿。
——佛洛姆。

三元論」。史登伯格認為所有的親密關係都可用三個基本要素加以說明，分別是「**激情**」（Passion）、「**親密**」（Intimacy）與「**承諾**」（Commitment）。

「激情」是指外表的、生理上的吸引力，想要與對方結合的渴望，浪漫或興奮的感覺都屬於此，通常在關係剛發展的初始階段，激情是最具主導性的元素。「親密」是指情感上的交流、信賴與連結，一種能夠陪伴且自在相處的感受。「承諾」則是決定與對方維持穩定關係，負起關係的責任和長期交往下去的決心，常見的承諾形式是以結婚或同居來表現。以上三者若能兼備，則屬於「完整之愛」，這種關係能帶來最強烈的幸福與滿足。

若是少了三者其中一個元素呢？少了「激情」元素的關係稱為「同伴之愛」，通常見於激情已經消退的多年伴侶，類似家人的關係。少了「承諾」元素則稱為「浪漫之愛」，雖然兩情相悅，但不願意或不能夠承諾彼此關係，藝術作品中扣人心弦的愛情多屬此類，雖說目前社會不婚比例相當高，但如果認定彼此是自己的伴侶，不必然以結婚做為承諾的唯一形式。若是缺乏「親密」，只有激情與承諾的關係稱為「愚蠢之愛」，閃婚一族，或為了負責而奉子成婚的皆屬於此類型，從命名即可得知史登伯格並不看好此種愛情，通常關係也難以持久。

若是只有一種愛情元素的關係呢？只有「激情」稱為「迷戀」，「一見鍾情」或「一夜情」多屬此類。只有「親密」稱作「喜歡」，能夠交心的好朋友，或日文說的「友達以上」。只有「承諾」的關係稱為「空洞之愛」，常見於為婚而婚的情形，古代指腹為婚、現代用錢買外籍配偶都屬此類。若在關係中找不到任何愛情元素，那就表示這段關係不是情感關係，稱為「無愛」，例如：同事或點頭之交。

高明的學者常能以簡單的語言描繪複雜的現象，理論本身能夠涵容完整的觀點，並兼具獨創性與可用性。以史登伯格的愛情三元論為例，它就如同工程結構一般清晰，讀者只需簡單加減就能檢視目前關係屬於哪種類型，缺乏的是什麼元素。基於此點，史登伯格的理論普遍獲得相當高的評價。讓人欽佩的是，史登伯格的創意源源不絕，橫跨認知心理學、心理測驗學、教育心理學、性別心理學等領域，是個量產型的學者，他近期的研究興趣轉向人類世界的愛、仇恨與戰爭。也許現在將史登伯格稱為大師還早了些，因為誰也無法預料接下來他還會帶來什麼驚喜！

「愛」是無私的給予，不是佔有欲的滿足。

——佛洛姆。

❶榮格的思想脫胎於精神分析的框架，強調**「集體潛意識」**下的**「原型」**，是人類心靈底層普遍存在的結構。

❷榮格最常見於心理治療領域的論述為**「人格面具」**與**「陰影」**。他認為人們要透過**「自我真實化」**的平衡歷程，使自我趨於完整。

❸艾瑞克森將人生分為八大階段，每個階段都有一個獨特的**「發展任務」**，若無法完成任務則會面臨所謂的**「發展危機」**。

❹班度拉提出**「社會學習論」**的觀點，人類透過觀察學習，經由**「觀察」**、**「維持」**、**「重現」**和**「動機」**這四個階段，得到**「替代學習」**的效果。

❺馬斯洛認為人類的需求是有高低層級之分的，由低至高的五種需求分別為：**生理需求**、**安全需求**、**愛與隸屬需求**、**自尊需求**和**自我實現需求**。

❻馬斯洛認為往高層次發展的人，不容易有焦慮、恐懼等心理疾病，低層次的滿足能夠舒緩緊張與壓力，但高層次的滿足則能帶來較為深刻的幸福與內在寧靜。

❼米爾格蘭的基本主張是「你是誰（性格），比不上你在哪裡（情境）來得重要」，一般標準所認定的正常人，只要給予特殊的情境，也能展現出暴行。

❽羅芙特斯研究發現只需透過適當的引導，人們就可運用腦中零散的素材，建

構出不曾存在的記憶。

❾ 塞利格曼發現長期陷入無助情境的人，可能認為自己不論怎麼努力都無法改變現況，放棄採取任何有建設性的行動，最後被動接受所發生的一切結果。

❿ 塞利格曼發表**「習得樂觀」**，其概念為如果悲觀與無助能夠透過學習而來，我們當然也能夠學習如何正向樂觀的思考，為正向心理學的一大進程。

⓫ 史登伯格提出所謂的「智力三元論」，認為人類至少有三種不同類型的智力：**邏輯分析**、**創意整合**、**適應環境**。

⓬ 史登伯格認為所有的親密關係都可用三個基本要素加以說明，分別是**「激情」**、**「親密」**與**「承諾」**。

心理學的學科分支

-Disciplines-

先前我們討論過，心理學是一門關於人類心智運作的學問，自然擁有許多向外延伸的發展性，這一節我們會介紹心理學的研究，如何與生活發生關係，以及這些學科的分支發展。

從生活出發：那些跟我們切身相關的心理學科

我們的社會與經濟正逐漸轉型為高壓的結構，更多人逐漸意識到心理健康的重要性。許多研究顯示，當所面臨的壓力是長期或慢性的，最容易對人的身心健康產生損害。本章從我們心理層次切身相關的一些學科開始，包括常見心理疾病介紹、健康心理學……等，希望能夠提供簡易的心理健康指南，協助讀者有系統的認識相關知識，也能積極提升身心健康。

學科1 變態心理學VS.心理疾病

健康能夠概括的層面相當廣泛，也有著各式各樣關於健康的定義，然而一個有趣而普遍的現象是，當身心處在健康狀態時，人們常常難以意識到健康的存在，反倒是疾病與不適非常能夠吸引我們注意力，哪怕是嘴裡破了一個小洞，都可能讓我們一整天無法忽略它。因此，健康的一種常見定義是「沒有疾病的狀態」，而絕大多數的醫療機構都因應這個定義而生。在這個定義之下，心理健康的主要目標是預防疾病的發生、早期發現疾病、治癒疾病或減輕疾病的影響。

關於心理疾病的知識，通常包含在「變態心理學」（Abnormal Psychology）的內容中。由於「變態」這個詞在中文中有強烈負面意涵，容易讓人腦中浮現電影中有特殊癖好的犯罪者，因而常有許多被變態心理學書名吸引的讀者，翻閱後才發現跟預期不盡相同。原文「Abnormal」的字首「Ab-」代表分離，「normal」則指普羅常態，因而「Abnormal」之意義應為「與常態分離」，是個相對比較中性的意涵，因而也有人將「Abnormal Psychology」譯為「異常心理學」或「偏差心理學」，較貼近原意，但

大師語錄　愈做不好一般事情的人，就愈膽大妄為。
——賀佛爾。

不知是約定俗成或是聽來響亮，目前華人市場仍偏好「變態心理學」做為中譯名稱。

a. 何謂心理異常？

基於某些原因，要定義心理異常並不是件單純的事，一來是心理疾病不像生理疾病有那麼明確客觀的標準，照個斷層掃描或抽血檢驗，再與正常標準比較就能夠判斷正常還是有病；再者，心理疾病有很大一個區塊是模糊的灰色地帶，不論是病人主觀的報告，還是外在的行為觀察，專業人員的判斷過程都有很多主觀成分，同是心理專業人員卻有不一致的診斷，在精神醫療中絕非罕見的事。

・心理異常的標準會隨時間更改

什麼樣的心理狀態要把它標定成一種病態，本身就是充滿爭議的事。半個世紀以來，正規醫療最常用來介定心理疾病的工具，稱為「精神疾病診斷與統計手冊」（Diagnostic and statistical manual of mental disorder，以下簡稱DSM），其中記載了各種精神疾病的定義。DSM的準則大約每隔十年會有一次重大變革，例如早期將同性戀視為一種精神疾病，直到一九七三年才從DSM中移除，同理可推，目前被判斷有心理問題的精神病患者，也許十年後標準一改，就僅僅只是屬於少數族群的正常人，這使得心理疾病的定義是相對不穩定的，而來自各界對於DSM系統的批評也不曾平息過。

即便目前仍沒有完美的工具，將某些需要幫助的人區辨出來仍然是重要的，特別是那些主觀相當痛苦，或日常生活已經無法如常運作的人們，接受各種專業協助可能是必須的。雖然部分疾病仍有討論空間，但對於那些歷史悠久的常見精神疾病，主流醫學已經累積了相當的知識與經驗，以下我們將介紹常見的幾種心理疾病。要強調這些知識只是概略參考用，實際判斷請務必諮詢相關專業人員。

b.憂鬱症：現代人的文明病

世界衛生組織表示到了二〇二〇年有三大疾病需要重視，分別是心血管疾病、憂鬱症與愛滋病，其中憂鬱症所造成的生活功能下降是所有疾病中最嚴重的，因而它是

想要追求快樂，就應該培養社交技巧、建立親密的人際關係與人際資源。——迪納。

一個需要龐大社會經濟成本的疾病。憂鬱症有個綽號叫「精神疾病中的感冒」，可說是最普遍的心理疾病，全世界的憂鬱症患者大約佔總人口數的百分之三，臺灣地區就有近百萬的憂鬱症患者。憂鬱症的發病機率中，女性高於男性，一生中得到憂鬱症的機率，女性約百分之十到二十五，男性則為百分之五到十二。

首先要區分憂鬱心情與憂鬱症，憂鬱是人類自然情感的一部分，當面對失落或挫折，憂鬱是正常不過的情緒反應，一般而言只需時間來調適，並不需要醫療的協助。而憂鬱症被定義為一種疾病，是指一個人的憂鬱程度與持續時間，超過了普遍會有的反應，一般憂鬱心情大約會在一到兩週內逐漸恢復，而憂鬱症的心情低潮則可能長達數個月至數年，且除了憂鬱心情以外，還必須有其他症狀才可能符合憂鬱症的診斷。

心理學小詞典

➲ **季節性情感疾患：**人到了冬天容易憂鬱？醫學博士諾曼．羅森塔針對這樣的現象描述此為「能量危機」。依據他的研究，在高緯度的國家，冬季日照明顯較少，日照時間較短的日子，因陽光微弱而影響腦部松果體中褪黑激素之分泌 ，而導致憂鬱症容易復發，也稱為冬季憂鬱症。

・憂鬱症有哪些症狀？

憂鬱症的症狀大概可分為**情緒**、**認知**、**生理**等三大類症狀，情緒症狀較為一般人所知，包括憂鬱、悲傷、沮喪、罪惡感、哭泣等，某些類型的患者表現出來的則是易怒與缺乏耐性（青少年特別常見）。認知症狀是指自我貶抑、悲觀、死亡意念或自殺意圖等負面想法，以及專注力、記憶等認知功能變差。生理症狀則包括食欲改變（吃不下或吃太多，通常體重會明顯變化）、睡眠改變（睡不著、嗜睡，或提早醒來）、動機改變（對一切興趣缺缺，平日喜歡的事物也不再有吸引力，嚴重者可能臥床數日什麼都不做）、長期疲憊或缺乏活力等。

若同時具有三大類症狀中的多數，並且持續時間超過兩週以上，就需懷疑憂鬱症的可能性，建議尋求醫療機構的專業判斷與協助。但若是因為親人逝世後產生的憂鬱症狀，則是人之常情，不在此限。面對此類失落所產生的傷痛，主要還是依靠我們心靈的自癒能力，通常需要三至六個月的悲傷歷程，更長的恢復時間也非罕見，只有在事過境遷半年後，當事人仍無法回到基本生活功能時，才需考慮專業協助。

大師語錄　萬物皆渴望它所缺少的東西。　——柏拉圖。

・憂鬱症和躁鬱症是同一件事嗎？

另一個知名度頗高的心理疾病稱為「躁鬱症」，閱聽人不時就能在媒體上看到這個疾病標籤，然而這也是廣泛被誤解的疾病之一。或許是躁鬱症名稱裡有個「躁」字，容易讓人聯想到暴躁易怒，或情緒化的脫序行為，然而實際上有上述現象的人，很有可能只是品行未達社會的道德標準，還搆不上疾病的程度，真要說心理疾病的話，憂鬱症的可能性還大於躁鬱症，因為煩躁易怒在憂鬱症早期是很常見的，到了憂鬱症轉為中度或重度，才比較偏向消沉的樣貌，因為連把情緒表達出來的力氣都沒了，別說生氣，連眼淚都流不出來。

一般臨床專業將躁鬱症視為憂鬱症的一種特殊形式，但兩者病理機制不同，臨床上的症狀與治療也有頗大差異。躁鬱症的正式診斷用語為雙極性疾患（Bipolar Disorder），意指患者時常擺盪於情緒的兩個極端，此一時天堂，彼一時地獄。躁鬱症與憂鬱症同樣都有一段時期的憂鬱症狀，但躁鬱症患者的特別之處在於每隔一段時間就會「躁症發作（Manic Episode）」，臨床上以「鬱期」及「躁期」來區分患者正處於哪個階段，若將鬱期比喻為深邃冰冷的幽谷，躁期就像在遼闊的高原上如沐春風、君臨天下。

處於躁期的患者主觀上的感受大多是正向愉悅的，有用不完的充沛精力，不眠不休好幾天都沒關係，腦中充滿絕妙的靈感，完美計劃毫不費力地到來。他們變得非常多話，但主題跳來跳去讓別人跟不上他的思緒。他們自我感覺超級良好，覺得自己無所不能，正處於人生鑽石巔峰期；自大傲慢的態度常令旁人反感，特別是發言常帶著挑釁與鄙視的意味。他們不顧後果地追求更High的經驗，刷爆幾張信用卡、嗑藥酗酒、在公路上演頭文字D、跑趴找一夜情……。

患者的幸福幻覺不久開始消退，躁期過後，通常已惹了一身麻煩。曾有個案例在躁症發作時自認是投資之神，辭了工作又大筆融資，躁期結束後面臨失業與一屁股債務。更麻煩的是，躁症發作時身邊親友苦口婆心的勸阻，都被解讀為對自己天賦的嫉妒而報以冷嘲熱諷，把能得罪的人都得罪光了，現在也沒有臉再去開口求助。回想起之前自己不可一世的樣子，就像穿著新衣的國王突然開了眼發現自己赤裸著身體，自慚形穢到想去撞牆的羞愧感，很快把他帶入下一個階段的鬱期。

大師語錄　我的一生是一個無意識充分發揮的故事。

——榮格。

・憂鬱症和躁鬱症該如何治療？

經過上述介紹後，應該不難區分憂鬱症與躁鬱症兩者的不同，接著進入治療的部分。憂鬱症的治療大致說來有藥物治療與心理治療兩類，研究文獻的結果顯示兩者各擅勝場：抗憂鬱藥物對於緩解症狀較快，心理治療預防憂鬱復發的效果較佳。雖然有研究顯示藥物心理雙管齊下的效果最佳，但實際上只有少數的病人能享受如此高規格的待遇，具體而言，目前至醫院求診的憂鬱患者幾乎都以藥物治療為主，合併藥物與心理治療者與單純接受心理治療者，不及兩成。

抗憂鬱藥物雖有快速消除症狀的優點，但所謂的「快速」與消炎止痛藥相比只能稱得上是「龜速」，抗憂鬱藥物一般要連續服用兩週以上才會出現效果，並非想像中吞了藥丸就能立刻重見光明。剛開始服藥時，多數人會有程度不一的副作用：頭暈、嗜睡、反胃等都很常見，想要得到最佳療效，通常需要經歷數週的藥物調

心理實驗

➲ 貝克斯頓（Bexton）曾進行「感覺剝奪」實驗：受試者需戴上半透明的護目鏡，環境用空氣調節器發出單調的聲音，手臂和腿腳皆被固定，將其感官完全限制住，受試者在幾小時後開始感到恐慌，進而產生幻覺。持續進行受試者會產生許多病理心理現象，實驗也證明了缺乏與外界環境接觸可能導致心理的異常。

整期，這個時期很容易產生對藥物的排斥感，但若能進入穩定服藥的階段，則有很高比例能有明顯改善。

基於各種因素，例如害怕依賴藥物、女性準備懷孕、無法忍受副作用等等，不想接受藥物治療的憂鬱患者不在少數，此時心理治療就是另一個有效的選項。心理治療基本上是由受過訓練的專業人員，運用心理學的知識技巧提供協助，然而心理治療要產生令人滿意的療效，變數與限制都比藥物治療來得複雜許多，我們後續將深入討論心理治療議題。

憂鬱症的成因可概略分為生理與心理兩類，心因性的憂鬱症，也就是主要由人際問題或生活壓力所引發的憂鬱，比較可能從心理治療得到助益。若是生理因素為主的憂鬱症則是藥物治療比較適用，例如：內分泌失調型憂鬱（甲狀腺功能異常、女性更年期或產後憂鬱）、季節型憂鬱（純粹由四季變化所引發）。當然，生理與心理有時無法分得乾淨，往往是雞生蛋、蛋生雞的交互作用，這就有賴專業人員判斷較為準確。

躁鬱症的藥物治療通常是必要的，特別是在躁症發作的急性期，偶爾還需住院治

 人沒有自主，必然沒有快樂來源。 ——王浩威。

療，一來是某些治療躁症的藥物危險性較高，需要專業人員比較密集的觀察與調整；再者住院也能預防病人在短時間內搞砸自己的生活圈，據了解日前一位藝人躁症復發，但未及時接受治療，他不斷在臉書大放厥詞吹噓自己的才華，接連數次發表偏激挑釁的言論，還惹來司法介入調查。經過住院治療，情緒穩定後才公開道歉，但仍遭其經紀公司解約索賠，可見躁鬱症的毀滅性並不亞於憂鬱症。

C. 焦慮疾患：無止盡的恐懼

焦慮兩字唸來有些拗口，但身而為人對焦慮感必定再熟悉不過，也就是我們平常所說的緊張或害怕。從本質上來說，焦慮是當面對不喜歡的人事地物時，所產生的一種逃避傾向。雖然焦慮往往帶來不舒服的感受，但焦慮的確有其重要性，就生物演化的意義而言，焦慮協助人類遠離可能危及生命的情境，使物種能夠存活下來。

想像在好幾萬年以前，有一類天賦異稟的人帶著某種基因，先天感覺不到什麼叫恐怖，因而當洪水猛獸襲來時，這些「異類」並不像別人拔腿就跑，可想而知他們多半不得善終，換句話說，他們沒有太多機會成為你我的祖先。這就是為什麼我們血液中多半帶著恐懼的因子，恐懼促使我們採取某些策略行動來保住小命，雖然我們不喜歡它，卻不能沒有它。

在達爾文式簡易模型的脈絡下，另有一說，遠古時代這群不知害怕為何物的異類裡，仍有一小部分憑著過人聰明才智，在物競天擇的洪流中存活下來。想像一下，如果這些「遺族」今日在你我身邊，他們會是什麼樣的人？絕頂聰明加上超強的抗壓性，可以預測不論在哪個行業都是最可怕的勁敵。這些人在現代可能被稱為「精神病態」（Psychopathy）或「反社會人格」（Antisocial Personality），他們能為常人所不能為，例如：企業總裁、政治領袖、職業殺手，或智慧型罪犯。

・我們如何定義「焦慮疾患」？

回頭繼續談焦慮，既然一般人都會緊張不安，精神醫學如何定義「焦慮疾患」呢？焦慮的本質是擔心害怕，要構成心理疾病的焦慮大致有兩種情形，一種是「**害怕多數人不怕的東西**」，一個極端罕見的例子是有位女藝人害怕「所有的水果」，她一

大師語錄 憂患是人們生存的重要條件。與憂患的正面交鋒可以為我們驅趕厭倦感，使我們的感覺更加敏銳，並且保持人類生存所必需的壓力。　——羅洛・梅。

輩子都沒吃過水果，只要有人拿著水果靠近她就會開始歇斯底里；比較常見的例子是「社交恐懼症（Social Phobia）」：在社交場合會感到極度困窘與不適，沒必要的話盡可能不與他人互動，嚴重的患者連到便利商店購物都有困難。

另一種焦慮症的類型是「**對大家都怕的對象有異常的恐懼反應**」，異常指的是害怕程度遠比一般人強烈，或害怕反應持續了過長的時間。一種稱為「創傷後壓力症候群」（Posttraumatic Stress Disorder，簡稱PTSD）的焦慮疾患，通常出現在重大災害之後，例如：臺灣的九二一地震，災難倖存者通常心有餘悸好一陣子後，就逐漸回到事發前的狀態，然而創傷後壓力症候群患者甚至在十幾年後仍然惡夢不斷，看到吊燈搖晃就拼命往屋外衝，就可視為異常的恐懼反應。

DSM系統裡的焦慮疾患包含許多診斷，不一而足。除了上面提到的社交恐懼症與創傷後壓力症候群之外，下面再介紹幾種常見心理疾病，分別是「恐慌症」（Panic Disorder）、「強迫症」（Obsessive-Compulsive Disorder，簡稱OCD）與「廣泛性焦慮

心理學小詞典

➲ 反社會人格（Antisocial Personality）：
常見於犯罪者的人格類型，特徵是缺乏同理心與罪惡感，因而能夠反覆利用他人，屢屢犯下詐欺或傷害等罪行，毫無悔意。

症」（Generalized Anxiety Disorder，簡稱GAD），這些耳熟能詳的病名，也都歸屬於焦慮疾患的範疇。

・恐慌症：心理影響了生理症狀

恐慌症的主要症狀是「**恐慌發作**」（Panic Attack）：突然出現強烈的生理不適；常見心悸、胸痛、窒息感、頭暈、噁心、發抖、出汗，並伴隨強烈的恐懼感：感覺自己快要死掉、發瘋、失控……。恐慌症患者初期會跑遍醫院各大科，包括心臟科、胸腔科、新陳代謝科等，直到病理學檢查都沒有異常後才被轉介至精神科。患者通常很難接受自己得的是精神疾病，因為恐慌發作的感覺是如此強烈而真實，一點都不像是「心理的問題」。

幸運的是，恐慌症在精神疾病中算是較輕微的，多數患者的預後都不錯。如果不把患者在其他科求診所耗費的時間算進來，恐慌症有可能在短時間內痊癒。我曾有一位恐慌症患者花了整整十年做各式各樣的檢查，堅信自己必定有心臟方面問題，只是儀器檢查不出來，最後終於到精神科求診，經過一個月的心理治療後，不但症狀痊癒

焦慮無疑是匯聚最多重要問題的關鍵所在，這個謎題的解答必將照亮我們心理存在的全部。——佛洛伊德。

且不需再服用任何藥物，連患者本人都感到不可思議。

・強迫症：彷彿被下了指令

強迫症有時會被理解為對某事異常的狂熱或執著，但這並非全貌。強迫症患者確實會無法克制的重複特定行為（例如：不停洗手），但這些行為不只是為了堅持某種信念，而是內在的恐懼使他們不得不做。引發恐懼的是各式各樣的強迫意念，強迫意念有些勉強合理，如「環境中充滿細菌，必須時時洗手才不會染上可怕疾病」，有些則荒謬絕倫，如「如果我不眨眼七下，家人就會意外身亡」。

這些強迫意念會不受控制地反覆闖入腦中，而且理智起不了太大作用，不論患者相不相信自己腦中的這些想法，都勢必感到強烈的恐懼或不安，就像腦中有個警報器響個不停。不論患者覺得那些意念有多可笑，此時唯一的選擇是去做那些稱為「儀式

心理學小詞典

➲ **儀式行為**：強迫症的外顯症狀，患者會出現各種特殊的行為，來降低強迫想法帶來的焦慮，以避免想像中的災禍發生。儀式行為之命名，是取其如同宗教儀軌般，有撫慰內心不安的效用。

行為」的動作，才能減緩焦慮的感受，遺憾的是這個效果往往是短暫的，要不了多久強迫意念又會再度光臨，患者也只能一再重複儀式行為。

儀式行為可以對生活產生巨大的影響，清潔型強迫症患者可能每個小時要洗兩、三次手，洗一次澡要三個小時，每個月要繳好幾千元的水費；檢查型強迫症患者可能在出門或入睡之前，要把一切可能發生危險的物品都檢查個幾次，門窗、瓦斯、電器、各種開關等，有時每天花上四、五個小時在反覆檢查。最令患者懊惱的是，他們自己也知道這些擔心是不合理的，但就是停不下來。

大約有一半的強迫症患者可望痊癒，但也有不少像慢性病一樣需要長期抗戰。目前強迫症的治療方式，是以藥物控制症狀，加上心理治療。研究顯示認知行為取向的心理治療有一定療效，但由於治療過程需忍受相當的痛苦，需要相當的動機與努力才能由心理治療獲益，因此患者配合的意願並不高，多數人選擇以服用藥物的方式控制病情。

大師語錄　當一個人意識到自己的缺陷，進而評價自己，這種意識與評價會成為心理發展的主要推動力量。——維果茨基。

・廣泛性焦慮症：恐懼無所不在

最後來談廣泛性焦慮症，經由上面的介紹，大致可以瞭解焦慮症的分類，主要是依據「害怕的對象是什麼」來界定，創傷後壓力症候群怕的是跟災難相關的刺激或回憶、社交恐懼症怕人、恐慌症怕的是不知何時又會恐慌發作、強迫症則是害怕強迫意念中的骯髒或意外。但是廣泛性焦慮症患者比較特別，他們並不是特別害怕某種東西，或者精確來說，任何事物都有可能成為廣泛性焦慮症的害怕對象，有時甚至找不到特別的原因，就只是無法停止的不安。

廣泛性焦慮症的特徵就是持續半年以上過度焦慮，害怕的內容五花八門，生活中的芝麻小事都可能引發焦慮。曾有個四十歲患者一聽到老婆咳嗽就緊張兮兮，擔心她是否罹患了不治之症，患者還聯想到將來可能要長期照顧臥病在床的妻子，或者老婆先走一步留下自己形單影隻。這個例子中，平常不過的事件就能夠引發患者的災難化想法，憂慮像滾雪球一樣越滾越大，無法自制。

除了焦慮的想法與情緒，廣泛性焦慮症常見的症狀包括坐立不安、容易疲倦、肌肉僵硬、煩躁易怒、睡眠問題等。藥物治療通常以抗焦慮藥物緩解症狀，而心理治療則提供放鬆訓練與生理回饋，並辨識主要引發焦慮的情境與想法，讓患者學習控制焦慮與放鬆的技巧，若能勤加練習心理治療的家庭功課，便能逐漸擺脫對於藥物的依賴，回復到較佳的生活品質。

d.精神分裂症：分崩離析的世界

精神分裂症是「Schizophrenia」的中譯名詞，源自希臘文的「分裂」（Schizein）與「心靈」（Phren）兩字，在一九〇八年由精神科醫師布魯勒（Eugen Bleuler）所創，至今醫學界仍沿用這個術語。這個專有名詞存在著誤導的原罪，一般人在說「我覺得我有精神分裂」時，通常是他意識到自己相互矛盾的面向（例如「有時喜歡熱鬧，有時只想獨處」），要不就是意指「多重人格」這個另一種心理疾病——現在稱作「解離性認同疾患（Dissociative Identity Disorder）」。

精神醫學脈絡下的精神分裂症患者，談的是某個特定族群，這個族群就是講到「精神病」三個字時，普通人腦中會出現的畫面：舉止怪異、自言自語、蓬頭垢面，

大師語錄 沒有一個心理現象能脫離生物學上所說的有機體，
也沒有一個心理現象能離開環境而發生。——布魯勒。

國語叫「神經病」，臺語叫「肖仔」的這群人。精神分裂症屬於最嚴重的心理疾病之一，被喻為「精神疾病中的癌症」，主要是它通常對患者產生巨大的影響，目前醫學在治療上也有許多瓶頸有待突破。

普通人得到精神分裂症的機率略小於百分之一，若在家族中有該病患者，血緣越近的成員得病機率越高，可見基因遺傳有著相當影響力。精神分裂症的好發年齡平均在二十至三十歲間，但也可能出現在學齡兒童或年長者，在疾病的前驅期（Prodromal Phase）症狀相當隱微，例如：課業或工作表現突然退步、情緒煩躁不安、疑神疑鬼、突然不愛跟人來往等等，常被親友誤認為只是壓力太大或心情不好想獨處，因而延誤了治療時機。

心理學小詞典

➲ **解離性認同疾患**：舊稱「多重人格」的心理疾病，現在更名為解離性認同疾患。患者在主要人格外，還有其他「次人格」的存在，數量從一個至數十個不等，次人格可以有獨立的姓名、年齡、性別、聲調、筆跡，甚至連近視度數都與主要人格不同，頗具戲劇性，臨床上極為罕見。

・精神分裂症的症狀有哪些？

精神分裂症發病後有兩大類症狀，稱為「正性症狀」與「負性症狀」，正性症狀的意思是患者「有一般人所沒有的」，包括各式各樣的幻覺（以幻聽最常見）與妄想（被害妄想最常見），幻覺與妄想會嚴重影響患者的情緒與行為，想像有一天突然發現家人與同事都是國安局派在你身邊的臥底，還不時在腦中聽到他們用無線電討論怎麼折磨你，那種天翻地覆的感受就是多數患者的心境。

正性症狀非常多樣化，幻聽可能是細微的雜音、腳步聲、聽到有人叫自己的名字、有聲音指使自己做某些行為、許多人在交談等，也有視幻覺或觸幻覺的情形。妄想的形式更令人目不暇給：伴侶出軌不忠、藝人明星暗戀自己、親友想謀財害命、某個組織正監控自己、被外星人植入晶片、自己是耶穌轉世或天縱英才來拯救地球等。這些妄想通常沒有事實依據，但患者本人卻堅信不疑，若旁人試圖戳破患者往往是徒勞，只會引發憤怒或退縮的反應。

負性症狀則指患者缺乏「一般人都有的」，在慢性精神分裂症患者身上非常普遍。他們變得沉默，即便說話內容也很空泛；對外在刺激反應不多，情感表現淡漠，

大師語錄　不是世界影響我們，是我們對世界的看法影響我們！
——阿多諾。

對社交活動沒什麼興趣。最令患者家人苦惱的，莫過於患者不再重視個人儀表與衛生，不洗澡可能逐漸變成常態，就算發出異味患者本人也毫不在乎。負性症狀讓患者看起來像「失去靈魂的空殼」，他們可能持續非常長的時間什麼也不做，不少患者最後成了街友遊民。

・為什麼會發生精神分裂症？

精神分裂症如此具有破壞性的原因，是它不單是心理出了問題，更可說是一種腦部疾病。患者的大腦會隨著病程發展而持續受損，研究顯示他們通常有腦室擴大的現象（代表腦細胞減少），特別在腦部最重要的前額葉有受損的情形，前額葉可比喻為大腦中的ＣＥＯ，人類許多的行動與決策都由前額葉負責，若是大腦少了這個領導者，就會造成一個人不知道要做什麼，也不想要做什麼。

心理學小詞典

➲ **病識感**：指病患對於自己生病這件事的瞭解程度，精神分裂症患者一開始通常以為幻覺與妄想的內容都是真實的，卻不知是自己生了病所致，這就是病識感不佳。相較之下，強迫症患者往往有不錯的病識感，他們很容易覺察自己思考與行為的荒謬，他們知道自己病了，只是無法加以控制。

由於腦部功能異常是主要的病理現象，在調節大腦這檔事上，藥物是比較擅長的，也是治療精神分裂症不可或缺的，多數病人可經由藥物治療來穩定症狀，少數可達痊癒。縱使如此，在治療過程中常遇到的關卡，也是精神分裂症的特徵之一，是患者通常不覺得自己生病了（專業術語叫缺乏「病識感」），因此也不認為有吃藥的必要，除非威脅利誘或偷偷下藥，患者自己很難規律服藥，這也是造成治療效果不彰的主因，若有必要則會考慮住院治療。

精神分裂症的處遇中，心理治療通常是輔助的角色。一般而言患者的病情很容易受到壓力影響而惡化，因此心理治療主要是在教導患者預防與排解壓力之道，或使患者學習更好的社交技巧來與親友互動，都有助於病情的穩定。少數功能較佳的患者能夠學習分辨症狀與現實的不同，逐漸擺脫妄想的控制，或與症狀和平共處，達到接近正常人的生活水平。

精神分裂症本身充滿戲劇化的因子，是以頗受藝術創作者的青睞，相關電影不乏巨星主演的經典之作，例如：一九九九年布萊德彼特的《鬥陣俱樂部》（Fight Club）、二〇〇一年羅素克洛的《美麗境界》（A Beautiful Mind）都相當精彩。近年來

大師語錄 謙虛不是把自己想得很糟，而是完全不想自己。只有謙虛地聽取別人的意見，才能知道自己的不足。

——盧維斯。

則有傑米福克斯的《獨奏者》（The Soloist）、李奧納多狄卡皮歐的《隔離島》（Shutter Island），娜塔莉波曼的《黑天鵝》（Black Swan）等均獲獎無數，相當值得一看。

e.失智症：陷入記憶的迷宮中

臺灣地區二〇一二年的老年人口與幼年人口比例為一比一．五，預估到二〇一五年會變成一比一，而高齡化社會首當其衝的問題，是年長者通常有大小不一的健康問題。失智症就是老人常見的精神疾病，它過往的名詞叫做「老人痴呆症」，近年來才在去污名化的運動潮流下正名。據估計到二〇六〇年時，臺灣將有高達八十萬名失智症患者，對於目前二十到四十歲的青壯年族群來說，年長者的照顧養護將是越來越多人不可避免的課題。

隨著年齡越大，得到失智症的機率也越高，六十歲以前發病的相當少見，但八十四歲以上老人中就有百分之十以上的失智症患者。失智症是一種腦部疾病，嚴格說來是一組綜合症狀，許多因素都可能造成失智，例如：中風、腦部受傷、細菌病毒感染等都有可能，但最常見的仍是大腦萎縮或退化的疾病，例如：阿茲海默症與帕金森氏症的患者，晚期多半會演變為失智症。

・失智症的三部曲

失智症早期症狀是記憶力退化，由於老人家多半記性不好，是以失智症不易在早期被發現。若只是新的東西記不住或想不起人名，還屬於正常範圍，若是反覆問同樣問題或是忘記關瓦斯爐火，就需留心可能是記憶力受損的前兆。失智症基本上無法痊癒，只能透過藥物來控制症狀，延緩大腦受損的速度，由於越到病程晚期治療效果越差（與精神分裂症相同），所以在早期偵測出疾病有其重要性。

失智症發展一般有個固定順序，最開始是搞不清楚時間，如果問他現在是民國幾年幾月幾日，答案很離譜或完全答不出來，通常已經是輕度失智；接下來是搞不清楚地點方位，如果連很熟悉的地方（例如：附近的市場）都會迷路，很可能到了中度失智，多數患者是到了這個階段家人才警覺需要就醫；到了重度失智則是連親友都不大認得。是以用「時間」、「地點」、「人」三個指標，能夠粗略分辨患者目前屬於哪個

心理學家猶如心理的顯微鏡，他們可以極大地放大我們的日常生活。——威廉・詹姆士。

階段。

失智症在輕度至中度的時期尚能保有基本的生活功能，但到了後期可能會讓照顧者感到心力交瘁，一方面患者變得越來越不像他自己（大腦退化可能使性格劇變），再者吃飯洗澡全需仰賴他人照料，除了基本的生物需求外，能夠被稱作「人類」的部分漸漸所剩無幾。可想而知，照顧失智症患者本身就是一種慢性壓力，研究顯示照顧失智症父母或配偶的人普遍有相當高的焦慮與憂鬱，然而照顧者的需求卻是最被忽略的一環。

・照護失智症的準備

失智症的照顧者特別要注意不能走到身心耗竭的地步，每個人的心理資源都是有限的，超過負荷就會開始出現身心壓力反應——煩悶、倦怠、厭煩、易怒、失眠等，都是心理資源不足的早期警訊，提醒我們該充電了，若是拖到出現憂鬱症狀（特別是

心理學小詞典

➲ **阿茲海默症**：德國心理學家亞羅士·阿茲海默於一九〇六年，解剖了一位五十多歲，死於快速智力退化疾病的女性，在她的腦中發現了各種特殊的病理變化，為了紀念他的發現，因而將此症以其姓氏命名。

無力、無助、無望的感受），可能就像電池開始劣化，怎麼充都回不去了，此時照顧者本人可能需要求助於專業。若經濟狀況許可，也可考慮外籍看護方案，需至各大醫院神經內科或精神科請醫師鑑定資格，之後申請看護費用每月約兩萬一千元。

長期照護應該避免單打獨鬥，必須有人可以換手，以爭取喘息的空間。充電的訣竅是要有一段專屬自己的時間，不必扮演任何角色，單純享受無所事事的樂趣（對某些人來說也許需要練習），或者隨興做任何想做的事。喝下午茶配甜點、看看小說或DVD、悠閒的散步或騎單車、在海邊發呆整個下午、加幾滴精油泡熱水澡都行；在不造成額外壓力的前提下，喜歡熱鬧的人不妨約三五好友聚餐唱歌、看看球賽，不失為舒壓的良方。

回頭談失智症本身，雖然目前仍沒有治癒方法，然而想要早期預防是有希望的。研究顯示中年時期每週規律運動兩次的人，失智症的機率與一般人相較低了六成；採用地中海飲食（多魚少肉、多蔬菜堅果）可預防包含阿茲海默症在內的多種慢性疾病。資深神經外科醫師許達夫因罹癌投入自然醫學領域，他曾推崇「亞麻仁油」對於腦部的滋養修復功能，許多研究還顯示補充 γ-亞麻仁油酸對各種慢性病與癌症有所

大師語錄　神祕主義是一扇通向看不見世界的窗戶，而領悟通常隱匿著存在的方式。　——威廉．詹姆士。

助益，亦可做為飲食的參考。

學科 2 臨床心理學 VS. 心理治療

心理治療似乎是件神祕的事兒，提到它時人人都有不同的畫面與想像。這個段落將聊聊心理治療的兩三事。首先，關於「應該找誰做心理治療？」這個問題，一般直覺的答案是「心理醫師」，然而若是曾上網搜尋訊息的人就知道，這個關鍵字找不到太多資料，問題出在哪？實際上，在臺灣行政院衛生署的規範下，稱作「心理醫師」的醫事人員是不存在的。

a. 心理問題要看心理醫生？

英文中常把提供心理治療的人稱為「治療師（Therapist）」，俚俗的說法叫

「Shrink」（略帶諷刺的叫法，有一說是把頭勒緊之意）。不同職業類別的人都可能被通稱為心理治療師，如果是在醫院中，心理治療的服務通常由兩類醫事人員提供，首先是「精神科醫師」，他們在醫學系畢業後取得醫師執照，再取得精神科專科資格，例如：常見於媒體中的鄧惠文醫師；而另一類是臨床心理師，他們具有臨床心理學碩士學位，並取得臨床心理師執照，例如：此領域頗具知名度的邱永林臨床心理師。

上述兩種醫事人員通常都隸屬於精神科的編制，也同樣可依法進行心理治療的醫療行為，然而兩者的訓練背景卻大不相同。精神科醫師接受醫學訓練，主要專長於精神疾病的診斷與藥物治療，某些對於心理治療特別感興趣的醫師，會進一步提升心理治療的專業；臨床心理師則是接受心理學訓練，熟悉心理學的原理與技巧，專長於心理評估與心理治療，限制是無法開立藥物。

簡而言之，心理治療是臨床心理師的正規訓練中不可或缺的部分，但並非精神科醫師需要必備的技能。醫療實務上兩者多採分工合作的模式，精神科醫師主要負責門診業務，以藥物治療為主，視病情需要安排後續治療；臨床心理師主要接受精神科醫師的轉介，進行心理評估與心理治療。有部分醫院的臨床心理師提供獨立的諮詢門

大師語錄 人要獲取一個「超信仰」，雖無法被實踐證實，但它可以幫助一個人使生活變得更豐富和美好。
——威廉．詹姆士。

診，亦有少數臨床心理師自行開立心理治療所。

・簡述心理治療的流程

心理疾病患者接受心理治療的一般途徑是先至精神科看診，醫師於門診評估整體情形後，再另外安排時間進行治療，少數精神科醫師可能親自提供心理治療，多數則是轉介交由臨床心理師執行。經由醫師轉介心理治療的患者可使用健保資源，通常前幾次不需額外付費（視各機構規定），若自費接受心理治療則不需經門診轉介，然而所費不貲，一次會談時間通常四十至六十分鐘，收費約一千五百元至三千元不等。

談完制度面後，接著是實務層面。如同前面幾章所介紹的，心理治療有著形形色色的學派，彼此觀點大相徑庭，要詳細討論細節實屬不易，但仍有一些大致的通則可以介紹。首先是現實面的經濟考量，心理治療通常是慢工出細活，只有極少數個案能在短期獲得大幅進步，一般至少要八至十二次的療程（約兩至三個月）以上，才能有比較穩定的療效，然而這超出多數醫療院所提供的健保給付次數，是以想接受比較完整的心理療程，可能會有一筆額外的經濟負擔。

b.心理治療真的有用嗎？

什麼樣的人適合接受心理治療？以成人為例，能從治療得到最佳成效的個案，通常具有相當的「開放性」與「改變動機」。開放性意指沒有強烈預設立場，真正的心理治療多少與一般人想像有所出入，治療師的專業判斷也未必完全符合患者的期待，此時如果能用開放的態度來接受治療，就能讓治療過程比較沒有阻力地運作。當然，心理治療有時也講磁場默契，通常沒有對錯，只有合不合適，假如真的覺得無法接受治療的形式，大可在會談中提出來討論，專業的治療師能夠判斷是否需要修正方向，或轉介給其他治療師。

・改變動機影響成效

治療能夠持久有效必定涉及「改變」，心理治療通常會引導個案以新方式來感覺

大師語錄 不管命運如何限制選擇，
在人的生命中存在著選擇。 ——羅洛・梅。

思考，或訓練個案養成某種新行為，這代表接受治療的人可能有好一陣子會在舊有慣性與新習慣間來回擺盪，想像右撇子的人突然要改成左手刷牙或吃飯，陌生的不適感總會使我們有回到老樣子的衝動，此時個人的「改變動機」有多強就扮演著關鍵因素，足以左右療效能到達何種程度。

改變動機另一個層次的意義，代表著個人願意為自己的現況負起多大的責任。有一類只喜歡「談論」自己不幸的個案。他們不厭其煩地細數他人如何辜負自己、或是種種症狀帶來的不適，換句話說，他們只認同自己是外在境遇的「受害者」，當邀請這類個案突破舊有視角時，常常遇到很大的抗拒，或缺乏動機在堅持有益的練習上，因而他們能從治療得到的幫助可能是很有限的。

心理治療有許多不同的取向，可比喻成各式各樣的特色料理，最終的功能可能都是填飽肚子，然而不論所需時間、口味差異或是收取費用都可能有頗大差異。此外，料理的手藝雖有高下之分，有時卻是青菜蘿蔔各有所好，有人需要的只是七十元的排骨便當，也有人願意花上千元享受一頓，刀工火侯都得講究，是以若是服務端與客戶

心理學小詞典

➲ **改變動機**：一個人想要真正有所改變的意圖有多強烈，以及願意為此付出多大的代價。

端的需求對不上，滿意度可能大打折扣。

如果選擇精神科醫師進行心理治療，有較高機會是心理分析取向（或稱心理動力）。分析取向著重在解析潛意識，治療師的工作是不斷將被忽略或壓抑的心理素材呈現出來，帶領個案逐漸挖掘認識深層自我，療程視情況而定半年到數年都有（通常二十次以上）。一般而言，接受過高等教育、無經濟負擔、擅於口語表達、具一定內省能力與挫折忍受度者，比較容易從分析取向的心理治療獲益。

如果選擇臨床心理師進行心理治療，常見的是認知行為取向。認知行為治療相對而言比較有結構，通常會針對某個症狀或訴求，系統化的解決問題，認知行為治療需要個案練習某些家庭作業，通常八至十二次的療程最為常見。一般而言經濟能力有限、有特定症狀或主訴問題、本身有一定自主管理能力者，較為適合認知行為治療。

上述的治療取向只是概略的趨勢做為參考，實際上沒有一定如何區分，實務上也遠不止這兩種學派。治療的型式有許多種類，並非都採一對一方式進行，譬如伴侶或親子一起治療，或許多人共同進行團體治療，治療師人數也可能不只一位。多數治療是靜態的型式，但某些治療可能需要配合動態的活動，甚至離開治療室到特定場所進

大師語錄　找出最適合做的事，並確保有機會做到這點，是通往幸福的關鍵。　——杜威。

行。當然，接受治療的人有權瞭解自己正接受什麼樣的治療，也隨時保有退出治療的權利。

醫療場域的服務對象多半是心理疾病患者，但即使一般人在生活中也會有各種心理困擾，這時可以考慮心理諮商的服務，各地都有社區衛生中心與生命線協會，也有私人的心理治療所或心理諮商所。只要是合法營運的機構，治療師的資格通常不會有太大問題，為了保障自己的權利，建議事先詢問治療進行的形式與費用，也可請機構依個人需求和預算推薦治療師。

學科3 健康心理學教給我們的事

中醫典籍《黃帝內經》中有句格言：「上工治未病，不治已病」，意思是說最高明的醫師，應該是在身心不調具體顯化為疾病之前，就能及早將其恢復平衡，這就是預防醫學的概念。目前西方醫學的病理檢查仍然有其極限，大多要等到「已病」才有對應的方案，對還沒達到疾病標準的「亞健康」狀態，並無具體可行的措施。

所幸，有一位高明的醫師，他時時刻刻關注你，在還沒有惡化到需要治療之前，就能適時給出提醒，那位「上工」就是你，事實上，也只能是你自己。近來有一套暢銷書籍名為《求醫不如求己》，姑且不論具體內容，光是書名傳達出來的，就是相當積極的力量。唯有能夠認清，這世界上不可能有一個人比我更有能力關心自己、更能幫助自己，我們才能停止把問題丟給醫生，真正替自己的健康負起責任，這個心態的力量有時遠遠超過專業知識與技術。

a. 預防重於治療的心理學取向

當然，想要更有效的幫助自己，知識也是必須的，我衷心地期待這是為什麼你要花費寶貴的時間一路看到這裡。在介紹過常見的精神疾病後，接著要進入健康心理學（Health Psychology）的範疇，廣義而言，只要與身心健康相關的主題，舉凡壓力、飲食、睡眠、菸酒、運動、免疫力、疾病、疼痛不適等，都可納入健康心理學領域，這

生命的意義除了接納無可改變的環境，並將之轉變為自己的創造之外，別無其他。 ——羅洛．梅。

裡對於健康的討論不再局限於心理疾病，而是含括了每個人生活中的實際面向。

健康心理學認為治療疾病固然重要，但這應該是基礎，真正的健康不止於此，尚有更多值得我們投資之處。多數人應該會同意把健康如此定義：不為病痛所苦、吃得香、睡得甜、精力充沛，還能勇於面對生活挑戰。

b.睡眠：失眠也是病？

現代社會想要一夜好眠、醒來精神飽滿，已經是種奢華的享受。人類似乎是自然界唯一失眠的生物，除非進入人類的生活圈，否則一般動物幾乎不會有睡眠的困擾。這暗示著我們，失眠的主要成因也許就來自於人類與動物的差異。首先是人最為自豪的思考，思考在將人類推上競爭力王座的同時，也帶來許多副作用，失眠算是其中不太嚴重的一種。

其次是文明，人類能夠無視於自然規律而活，日落後有燈火照明，疲倦了有咖啡提神。不受限於「日行性」是人類的特權，我們克服睡意如同克服地心引力。許多文明產物都可能影響睡眠，包括工作形態（輪班加班、勞心多過勞力）、食品飲料（咖啡因或其他添加物）、休閒娛樂（熬夜玩樂、強烈聲光刺激），除此之外，不少精神疾病都伴隨著睡眠問題，這也有一部分算是文明的產物。

・判斷睡眠異常的指標

睡眠異常指的是(1)難以入睡、(2)中途易醒、(3)比預期提早一到二小時醒來、(4)極度淺眠、(5)疲勞無法消除等。一般而言，只要沒有嚴重到影響日常的生活與工作，或者睡眠異常只維持了幾週，就不需要特別的治療，多數人的問題會自動改善。假如睡眠異常已經超過一個月以上沒有自動改善，我們建議先諮詢醫療專業，判斷睡眠問題可能的成因，各大醫院的睡眠中心、身心內科、精神科等都可優先考慮。

睡眠異常是個複雜的現象，有時可能還牽涉到神經內科、胸腔科、婦科、泌尿科等其他生理疾病，需要專門的檢查才能知道需要何種協助，因為與其他疾病相關的睡眠問題，仍然需要專業醫療處理。例如有一類的睡不好是因為得了「呼吸中止症」（睡眠時因呼吸道產生堵塞而引發暫時性窒息），嚴重時需要用輔助儀器或外科手術來

大師語錄 播下一個行動，你將收穫一種習慣；播下一種習慣，你將收穫一種性格；播下一種性格，你將收穫一種命運。
——威廉・詹姆士。

治療，這就只能在醫療機構處理才有較佳療效。

此外，如果睡眠異常是心理疾病的附帶症狀，那可能要以處理疾病為優先。在身心科的門診中，不少病人主訴困擾是失眠，其實真正問題是憂鬱症或者焦慮症，如果患者本身還沒有準備好要面對真正的問題，光是針對失眠來處理，效果往往不彰，到後來往往只能吃越來越重的安眠藥。這種情況下，睡眠就成了一種逃避情緒問題的方法，這並不是一種恰當的態度。

·提高睡眠品質可以這樣做

一般人如何能睡得更好？首先要調整那些不利睡眠的生活習慣。許多人都習慣喝含有咖啡因的飲品，除了茶與咖啡外，巧克力飲品（如：可可亞）、氣泡飲料（如：可樂）、少數花草茶也含有咖啡因（如：馬黛茶）。此外市面上許多能量飲品還額外添加提神的成分（牛磺酸、維生素B群等……），這些添加物都可能影響睡眠，建議飲用前確認產品的成分標示，並盡可能在中午以前飲用。人體代謝咖啡因一般需八小時以上，如果體質特別敏感者，最好完全戒除咖啡因。

睡前一杯酒似乎讓人更加好睡，酒精確實有幫助放鬆的效果，因而對於不易入睡的情況幫得上忙，然而後續的化學機制卻會干擾深層睡眠，讓人淺眠與易醒，造成睡眠品質不佳；另一方面，酒精本身的利尿效果也可能讓人半夜跑廁所。以長期使用而言，酒精會逐漸出現耐受性，也就是需要越喝越多才能達到微醺的效果，對於健康反而弊多於利，因而整體而言並不推薦以酒助眠。

另一個普遍的不良習慣是電子產品的濫用，由於強烈的聲光刺激都會使大腦處於興奮狀態，目前熱門的3C產品就是這些刺激的主要來源，包括電視、電腦、智慧型手機、平板電腦等。雖然「低頭族」已成為年輕一代的主流現象，但睡眠品質不佳的人在使用上應有所節制，至少在睡前一小時停止使用各類電子產品。如果一時戒不掉睡前的電視，可改為靜音收看，降低刺激。

提升睡眠質量的兩種法則就是「**規律**」與「**彈性**」。

第一種規律，屬於時間的規律，原則就是每天作息避免太大的變化。有時週休二日的人會在禮拜五、六晚上比平時晚睡一些，隔天睡到接近中午起床，到了禮拜一早上才覺得早起特別痛苦，這就是睡眠規律的生理時鐘被破壞的結果。理想的作息是起

大師語錄 一個人的意願與生命中之必然互相衝突的時候，我們更深層的命運就會在此顯露。——羅洛・梅。

床與就寢都在固定的時間，這可以提供良好睡眠的生理基礎。

第二種規律，在先前行為主義的篇章中，我們知道任何行為都可透過制約來成為習慣。要養成躺上床就入睡的習慣，最好的方法就是「專位專用」，除了睡覺與親密行為，避免在床上從事其他活動（看電視、閱讀、工作），最佳的安排是將整個臥房獨立出來。經過一段時間後，我們的身心狀態會將臥房或床鋪與放鬆休息的感受聯結，制約形成後就有助於睡眠，這是第二種規律，空間的規律。

第三種規律，稱為程序的規律，專有名詞叫「睡眠儀式」。睡眠儀式也是制約原理的應用，如果我們固定在睡前做某些事情，一段時間後，當我們做這些事情時就會跟著出現睡意。以預定十一點入睡的女性為例，可從九點半開始逐步進行睡眠儀式，包括降低房間的照明度（黃色間接光源為佳）、隨意翻閱不必動腦的雜誌、洗澡（泡澡）、例行保養、適度伸展或按摩等。睡眠儀式就是醞釀睡前的氛圍，讓身心得以不疾不徐地進入休息。

談完「規律」之後，接著介紹「彈性」法則。這是特別推薦給具有完美主義傾向的人——凡事講求標準、擅於解決問題；假如你熟讀上面說的三種「規律」，把每一項都做到完美，但睡眠還是無法改善，那「彈性」法則可能就是你所需要的。首先要明白一件事，改善睡眠這檔事有點像種花草，能做的通常是外圍的事。我們提供日照、養分與水，減少蟲害等不利因素，但是如何成長或開花與否，多數是自然來決定的，人為涉入太多的結果很可能是揠苗助長。

同樣的，對於睡眠我們能夠做的是建立規律，但何時入睡、睡多長時間、何時甦醒，並非我們能全然決定的，還得視身體本身的需求與節奏，這會因人因時而異。有一類的失眠並非真正失眠，反而是個人對睡眠的要求太高（例如每天都要睡的好、一定要睡足八小時等），如果達不到這個標準，就會焦慮不安，覺得哪裡不對勁，到頭來反而是自己對睡眠的憂慮影響了睡眠品質，這就是缺乏「彈性」所致。

「規律」與「彈性」像是翹翹板的兩端，兩者取得平衡就是身心和諧的祕訣。我們或許需要致力克服不利睡眠的因素，養成有助睡眠的習慣，但對於結果也要有些耐心與彈性。如果我們已經盡了一切努力但結果不如預期，此時就要練習放手的功課，即使在徹底失眠的夜晚，我們仍然保有選擇的權利：是要整夜與失眠搏鬥後喪氣，還是在天亮前悠閒地看場電影。

大師語錄　說來挺可笑的，人是世界上唯一自尋煩惱的動物。
——佛洛姆。

C.壓力：困境的考驗

不論皇族王室或販夫走卒，人人生活都存在著壓力。壓力的本質促使我們必須改變，好的方面，壓力讓我們不斷進步，超越困境，不好的方面，壓力讓我們力不從心，精疲力盡。不論開心與否，都要學著與壓力共處，有趣的是，壓力這回事有相當大的個別差異，同樣的事兒對你來說是芝麻綠豆大，對我來說可能是鋪天蓋地，其中的差異相當值得探究。

許多事件都會帶來壓力，諸如喪偶、離婚、負債、失業、面臨法律問題等，都足以讓一般人產生相當的心理負擔。此外，並非只有負面事件會帶來壓力，舉凡結婚、懷孕、搬家、升遷，甚至連工作表現特別突出時，也都可能是讓人感到不輕鬆的時刻。常聽到用「抗壓性」高低來描述一個人能夠承受壓力的程度，實際上，壓力能否擊倒一個人，牽涉到的因素相當廣泛。

・為什麼壓力讓你喘不過氣來？

影響主觀壓力感受的一個重要因素是「**控制感**」，也就是這個情況你覺得能不能應付得來，這有時不一定跟真實的能力有關，而是一種自我效能感。舉個極端例子，猛虎固然可畏，但初生之犢所以不畏虎，是因為小牛並沒有先入為主的恐懼，覺得眼前的猛獸是自己應付不來的，而往往就是這股信念或傻勁，讓人無所忌憚地發揮所有潛力，逢凶化吉。

由上面的例子可知，當我們專注在可能發生的不好結果時，有時會自我設限，徒增壓力。另一種情形，是我們想要的遠超乎自己能力所及，比如買房子這件傳統認為「基本而必要」的事，依目前臺灣的薪資結構與房價來看，是遠超過多數人所能負擔的，買樓勢必帶來長期不可避免的經濟壓力，此時比較聰明的做法是暫且跳出「基本而必要」的思維，重新評估這件事對於人生的必要性。

壓力也與我們為何要做某件事的動機有關，如果動機是出於「不得不」——除非我達成某種狀態，否則就會發生不好的後果，或就得不到想要的結果。像是「沒車沒房的男人是個失敗者」、「考不上研究所就別想找到好工作」這類的想法，就屬於

大師語錄　人是目的，永遠不應該被當成一個手段。

——佛洛姆。

「不得不」的動機，如果生活中大部分是基於這類動機的人，不論成功與否，他的心理壓力指數必然滿點。

・我們該如何面對壓力？

如果我們可以把壓力事件當做「機會」——可以帶來某些學習或額外的收穫，又或許根本不太在意結果，只是帶著好奇心去經驗與探索。在沒有得失心與價值判斷下，不是為了得到某種結果而做，就只是單純的投入嘗試中，以這種心態做事時，往往少了壓力，多了驚喜。簡單說來，赤子之心是壓力的天敵，功利主義則是壓力的好伴侶。

壓力的因應方法有千百種，但不外乎有兩大類：「解決問題」與「調適心情」，端視所面對的壓力是何種類型而定。如果壓力來源是可改變的，你需要的可能是增進工作能力、加強溝通技巧或尋找可用的資源，解決引發壓力的問題後，壓力自

心理實驗

➲ 特理普利特發現別人在場或群體性的活動會明顯促進行為效率。他設計了三種騎車情境：一為單獨騎行，二為有人跑步陪同，三為與其他騎車人同時騎行，結果發現單獨計時平均時速為二十四英哩，跑步陪同時速為三十一英哩，與人同騎平均時速為三十二・五英哩。而此結果又稱為「社會助長現象」。

然隨之解除。若非一時半刻能解決的事，就要聚焦於現階段可行的改變，並時時提醒自己已取得的改善，合理的進度表能夠大幅減輕心理壓力。

如果壓力的來源是不可抗力的天災或失落，也就是基本上無法做些甚麼去改變壓力源時，你需要的就是調適心情。這並不意味著在難過時要強顏歡笑，或非得用「生氣是拿別人的錯懲罰自己」這類格言說服自己不要動氣。相反的，調適心情比較推薦採用順勢療法，也就是難過時就找人訴苦、大哭一場，憤怒時可以打打枕頭、透過體力活動宣洩壓力，如果在不傷害他人與自己的前提下，允許情緒自然流動，身心會比較容易恢復平衡。

在本章結束前，我們將引用美國神學家尼布爾（Reinhold Niebhur）著名的平靜祈禱詞，他洗練的箴言足以成為我們面臨任何壓力時的倚靠，禱詞如下：

願上帝賜我平靜，接受我無法改變的事。

願上帝賜我勇氣，改變我能夠改變的事。

願上帝賜我智慧，能分辨這兩者的差異。

如果死亡不僅僅是滅絕的話，那麼為死亡做最好的準備，就是運用創造力，竭盡所能地活出我們的生命，去經驗和貢獻我們能力所能夠完成的事情。——羅洛．梅。

❶憂鬱症的成因有生理與心理兩類，而其症狀大概可分為情緒、認知、生理等三大類。臨床專業將躁鬱症視為憂鬱症的一種特殊形式，以「鬱期」及「躁期」來區分時期。

❷抗憂鬱藥物對於緩解症狀較快，心理治療預防憂鬱復發的效果較佳。

❸恐慌症的主要症狀，在恐慌發作會突然出現強烈的生理不適：常見心悸、胸痛、窒息感、頭暈、噁心、發抖、出汗，並伴隨強烈的恐懼感。

❹強迫症患者無法克制的重複特定行為，不只是為了堅持某種信念，而是內在的恐懼使他們不得不做。

❺精神分裂的「正性症狀」指患者「有一般人所沒有的」，包括各式各樣的幻覺與妄想。「負性症狀」則指患者缺乏「一般人都有的」，變得沉默，對外在刺激反應不多，對社交活動沒什麼興趣。

❻失智症是一種腦部疾病，中風、腦部受傷、細菌病毒感染等都有可能引發失智，但最常見的仍是大腦萎縮或退化的疾病。

❼提升睡眠質量的兩種法則為「規律」與「彈性」。

❽赤子之心是壓力的天敵，功利主義則是壓力的好伴侶。

從心理學看問題

-Q & A-

在這一章，我們將探索生活中一些被廣泛討論的議題，並試著用心理學的角度出發，提出較為全面的解讀以及可用的建議，希望這些問題能讓多數人感興趣，並且能獲得實質的理解與幫助。

什麼是IQ和EQ，到底哪一個比較重要？

IQ是智力商數（Intelligence Quotient）的英文簡稱，當我們在日常生活使用到IQ這個詞的時候，通常是等同於一個人聰不聰明的意思。IQ這個名詞早期由心理學家所提出，緣起是受到法國政府委託篩選能力較差的兒童，才發展了智商這玩意兒。起初概念很單純，如果能夠以一個數值來代表人的聰明才智，那麼智力高低就像身高一樣清清楚楚，要判斷哪些兒童需要特殊教育就容易多了。

不久，心理學家就發現，這件事實際做來真是困難重重。首先遇上的大麻煩就是聰明的定義，關於要用什麼東西來代表智力已是眾說紛紜，還要考慮怎麼樣才能準確地測量到「大家都不確定那是什麼」的智力，這就好比一群瞎子摸完大象後合力做出立體模型，然後每個瞎子還要一致同意「這個模型就是我剛才摸到的那隻大象」，難度可想而知。

問題1 聰不聰明怎麼看：從量表定義IQ

經過一百多年的努力，憑藉統計學與心理測驗學的技術，心理學家終於發展出幾套具有公信力的智力測驗，多數學者現在已經能夠接受，在這些測驗所得到的分數（智商），在估計智力上有一定的代表性。然而智力測驗仍然有它的局限，譬如像藝術或體育這類特殊才能，或是生活裡會運用到的社交技巧、情緒管理等能力，這些也都是聰明才智的表現，卻不是一般智力測驗所能測量的。

大師語錄 測驗一個人的智力是否屬於上乘，只看腦子裡能否同時容納兩種相反的思想，而無礙於其處世行事。——托利德。

依智力測驗種類的不同而有各別的計算方式，得出的數值也有不同意義。依國內最常用的智力測驗——魏氏智力量表為例，魏氏智力測驗包含許多分測驗（Subtest），目的是以多樣化的方式評估各種認知能力，可以測量諸如：語言理解、注意力、記憶、推理、手眼協調等基本能力，再將其總合起來計算一個整體智力分數（ＩＱ），如果智商落在八十五到一百一十五，代表智力屬於正常範圍，低於七十屬於智能障礙，高於一百三十屬於資賦優異。

◆常見的ＩＱ測驗應用

智商提供了判斷上的便利性，可用於篩選出特殊的兒童（包括智能障礙與資賦優異）、社會福利政策的依據（身心障礙鑑定）、司法精神鑑定（心智狀態評估）、醫療復健（如：中風患者認知功能復健）等。簡言之，對於上述有特殊需求的族群（約佔總人口數的百分之五到十），智力測驗或智商有其存在的必要，但對於百分之九十的人來說，ＩＱ的參考價值並不高。

首先，ＩＱ只有在青春期之後才趨於穩定，有相當多的研究證據顯示，小學三年級以前所測出來的智商仍有很大變動空間，而越是資優的孩子，智力分數的變動也越大。再者，智力測驗的得分其實受到許多非智力因素的影響，經典的心理學實驗顯示，如果一個老師「相信」他所教的是資優生（實際上是一般生），一個學期後他竟然真能提高學生的ＩＱ分數。

問題2 除了ＩＱ高之外，其實你還需要……

心理學研究發現，智商對於「學業表現」或「職業成就」只有中等的相關。ＩＱ比較接近一種基礎的能力，相當於車輛的引擎、輪胎等配備，如果沒有優良的駕駛技術，就算超級跑車也是枉然。心理學家發現除了智力以外，自制力更是「優良駕駛」必備的本事，專門術語稱之為「延宕滿足」的能力，也就是能不能暫時抗拒眼前的誘惑，先苦後甘的能力。

大師語錄　我們對智力的了解少得可憐。　——強生。

◆先別急著吃棉花糖的研究

典型的研究是以小朋友為對象，主試者先給孩子一顆糖果，並告訴孩子如果能夠等待一段時間不吃糖（一小時或一天，視年齡而定），他就能夠得到兩顆糖。研究者追蹤幾年後，發現那些能夠得到兩顆糖的孩子，將來長大後有更好的學業成績、更佳的適應，以及更高的職業成就。換言之，小時候能夠抗拒糖果誘惑的孩子，將來比較能夠忍耐眼前所需付出的代價，換得往後的成功。

有些父母對孩子的態度有求必應，長遠看來並無助於孩子的成長。自制力完全是可以訓練的，延宕滿足不僅能強化衝動控制的能力，也能提高挫折容忍度，這些都是邁向成功的必備能力。有鑑於此，心理學家認為網路世代最重要的負面效應，或許是需求太快被滿足：一旦習慣於網路遊戲或交友平台的快速回饋機制，真實世界就顯得步調緩慢與難以控制，令人不耐。

◆IQ和教育間的相互關係

回頭談智力與教育的關係，傳統的義務教育就像F1賽事，不論賽制、場地與排名方式都有一定規格，獲得好成績的關鍵是整體條件加總的表現，唯有精良配備加上訓練有素的車手能出類拔萃。可以想見，多數人在義務教育過程都是挫折感多於成就感，在相對狹隘的評分機制下，各種能力均高的人才容易出線，而這類型的智力功能是相對少數的。

每個人都有他獨特的智力型態，並非人人都適合跑F1賽事，義務教育就好比把公車、越野車、起重機、腳踏車等全部放在一個賽事競速，無法做到對所有人公平。理想上，義務教育的功能應該是發掘出個體的長處，如果有完善的篩選與分類機制，就能讓多數人適性發展，就好比公車在F1裡絕對無法贏過跑車，但若能早一步到市區道路為社會提供服務，貢獻絕對遠勝於跑車。

高等教育的普及與氾濫有時只有一線之隔，以智力理論而言，理想狀況自然是適才適用。大學廣開門戶所帶來的負面效應，是讓一群不需要或不適合唸書的青年半被

大師語錄　生命意味著每一個人必須了解自己存在的藍圖。
——羅洛·梅。

迫地留在校園中，他們可能在專業領域能夠出色亮眼，但在課堂教育上卻是事倍功半。其實他們也可以及早投入就業市場，或在職業技術領域習得一技之長，而非耗費數年只換得一紙學歷與就學貸款。

問題3 學業的優秀＝人生的成功？

曾有個真實案例，一位從小領有輕度智能不足手冊的女孩，因為喜歡吃甜點而讀了高職烘焙科，經過職業訓練應徵上甜點店的正職工作，薪水雖不高，幾年下來也存了筆錢，那時她才二十出頭，還交了個不錯的男朋友。在臨床心理學領域，我們常會評估個案的「職業社會功能」，說得極端點，這個小資女孩比起三十歲拿到博士卻找不到教職、在家當啃老族的個案，他們的「職業社

心理學小詞典

➲ **自我實現預言**：羅塔爾和吉布森曾做過著名實驗。在小學的一至六年級各選三個班的學生進行「預測未來發展的測驗」，隨機選取學生，並通知教師：「這些兒童將來大有發展前途」。八個月後，再對這些學生進行智力測驗，發現名單上的學生成績確實進步了，心理學將這種奇蹟效應稱為「自我實現預言」，可視為心理學版本的吸引力法則。

會功能」誰高誰低還真難判斷。

高智商代表著在學習速度與效率上佔有優勢，即使如此亦不保證將來的成就。心理學家研究了古今各領域的傑出人士，發現即使是最具天賦的天才，仍然需要在專業領域投入至少一萬個小時的努力，才能有傲人的表現。眾所皆知的神童莫札特，據聞六歲即會作曲，然其公認的經典之作《第九號鋼琴協奏曲》卻完成於他二十一歲時，這意味著想要天賦開花結果，大量的練習與準備是必要的。

◆高智商的學習困境

實際上，高智商低成就的案例比比皆是。杜維克教授（Carol Dweck）提出警告，他的研究團隊專門研究讚美對孩子的影響，他們發現自認為聰明的小朋友，反而比較不敢自我挑戰，面對挫折時容易自我懷疑與放棄。其中的關鍵，是聰明的小孩往往誤認為天資聰穎代表著毋需努力，而當犯了錯或處在逆境時，他們就認為是自己不夠聰明而傾向放棄，是以表現反而不如那些懂得努力的孩子。

物質享受的無限追求，結果不但得不到幸福，甚至連最基本的神智清醒都將保不住！——佛洛姆。

近年來失業率飆高，證照加值，學歷貶值，可能使臺灣開始走向日本社會那般，對於各行各業的「職人」或「達人」有更高的評價與待遇，而想要成為某個領域的專家，及早投入實務界累積經驗可說是穩賺不賠的投資。不論智商與學歷有多高，不管景氣或產業如何變化，重點永遠都在持續探索自己長處、把自己放置在正確跑道上、努力不懈，這是成功的不二法門。

問題4 EQ又是什麼？

高爾曼（Daniel Goleman）在一九九五年出版《EQ》一書後，「情緒智商（Emotional Quotient）」這個新名詞開始在社會上廣為流傳，掀起一波熱潮。說實在的，這個概念也不是心理學家獨創的，只要出了社會，在職場打滾幾年的人都曉得，工作想要順利，祕訣就是「三分做事，七分做人」，簡言之就是你的個性還有人際關係比你的工作能力來的重要。

ＥＱ的命名很明顯是相對於ＩＱ，有別於傳統的智力概念，ＥＱ特指與人類情緒反應有關、一種對於人我情緒狀態的感知、理解與調節的能力，廣義而言，任何牽涉到情緒管理與人際關係的能力，都可算是ＥＱ的表現。高爾曼在書中宣稱ＥＱ的重要性「至少與ＩＱ一樣重要」，他進一步論述道，ＩＱ某種程度是不可改變的，但是ＥＱ卻能藉由訓練提高，而改善ＥＱ將有助於提高學業表現、職業成就，使我們擁有更好的人生。

◆高ＥＱ和成就關連性不高

ＥＱ的影響可說是無遠弗屆，它似乎為千百年來的生活智慧提供一個科學基礎，許多訓練課程與教學方案都因應而生，光臺灣就出版了超過五十萬本ＥＱ相關書籍。然而，比較不為人知的是，做為一門心理學的研究議題，目前並沒有太多科學證據支持ＥＱ的神奇效果。一個遍及全世界的大型研究中，發現ＥＱ與學業成績只有低度相關（百分之十）；甚至還有研究顯示監獄罪犯的ＥＱ不亞於一般人。這些資料並非要

人可以因為心態的轉變而使生命轉變，改變心態就改變了生命。——威廉·詹姆士。

否定ＥＱ的重要性，ＥＱ確實存在它的價值，也能夠經由訓練加以改善，然而它的效用不能無限上綱，至少單就提升學業成績與職業成就來看，ＥＱ的重要性可能比不上ＩＱ與努力。直觀來看，打開新聞媒體，高ＩＱ低ＥＱ的頂尖成就者絕不在少數，扣除掉商業雜誌為大企業家美容包裝的部分，我們只能根據現有證據很功利主義地說，針對成就這碼子事，ＥＱ的投資報酬率並不算特別高。

我們如何利用心理學增進人際溝通的品質？

增進溝通品質的第一步，是瞭解我們需要溝通的理由。試著找出生活中一個你想溝通的對象，問問自己「為什麼我需要跟某某溝通？」。深入思考這個問題之後，不難發現我們溝通的動機通常來自於某種「不滿足」，也就是我們想要透過溝通來讓情況變得跟現在不一樣，不管是讓我們的伴侶停止歇斯底里，或是讓老闆良心發現自己已經三年沒有加薪，都能引發強烈的溝通動機。

大師語錄 你可以停止說話，但不行停止溝通。

——高夫曼。

問題1 你需要的是溝通還是說服？達成目標靠談判

有意思的是，當考慮使用溝通來做為手段，有時也代表我們處於某種困境，或是缺乏更為有效的方式來改變現況（上頭的老闆之所以不需要跟我們「溝通」，因為有太多方式去滿足他的不滿足）。然而當溝通的出發點是這種死馬當活馬醫的心態時，往往也是溝通品質不佳的時候，主要是如果把所有心思都放在如何讓對方有所改變時，傳達出來的就是「我希望你可以」或「我希望你不要」之類的訊息，嚴格說來，這種溝通模式比較接近「說服」。

心理學中累積了不少關於說服技巧的研究，說明人們的態度在什麼情況下比較容易被改變，然而學術界對於「說服」的瞭解跟實務界比起來實在是小巫見大巫。最著名的例子，曾有個社會心理學家發現自己總是無法拒絕業務員的推銷，於是致力研究這些業務員使用的話術，歸納出幾個大原則，原本動機是希望他的研究公諸於世後，可以減少人們被強迫推銷的機會，諷刺的是他精心整理的知識後來反而成了訓練商業推銷的基本教材。

◆說服技巧不代表一切

舉例來說，社會心理學中的「得寸進尺」（Foot-in-the-door）技巧就教我們一個小心機：如果你想要求某人答應某件事，可以先提出一個比較小的要求，等對方接受後再提出原本的要求，那麼對方接受的機率就會比你直接提出要求來得高。若是你曾在火車站前幫別人填過問卷後留下個人資料，或試吃一小口後，買了原本沒打算要買的東西，很可能就是中了這招「得寸進尺」。

如果溝通的動機是希望對方能順從自己的意願，市面上有豐富的推銷或談判專書，內容有詳細的技巧可供參考。然而溝通有時不僅只是一個讓別人聽我們話的輸贏遊戲，多數的情況下，我們還需要溝通幫忙澄清不明的事理，或是改善人際關係，這時說服技巧就不見得幫得上忙。接下來要談的，是除了「說服」外，溝通的另一個面向——「理解」。

大師語錄　思維不是在言語之中表現出來的，而是在言語中實現出來的。　——維果茨基。

問題2 真正的溝通是什麼：同理心的運用

當我們一心想說服對方時，重點比較在傳達我們自己的需求，這很容易落入單向的溝通模式，是以當無法達到原本目的時我們就稱之為「溝通無效」，並為此感到沮喪或生氣。事實上，單向的溝通本來就不容易引發對方正面的回應，我們應該謹記人多少都有抗拒改變的傾向，即便我們的要求各方面看來都完全合情合理，也很少有人會爽快地承認「你說得有理，就這麼辦吧！」。

高品質的溝通則往往是雙向的，帶著「理解」意圖的，此時溝通的功能主要是促進表達與對談，讓雙方都能比溝通前更瞭解彼此的想法，至於對方是否改變他的態度或行為反倒是其次。雙向的溝通遠比說服對方來得困難，關鍵在於我們要先擱置改變他人的意圖，並有雅量去聆聽與我們不同的思維。弔詭的是，當帶著一份純粹理解的意圖去溝通，幾乎必然會產生某種程度的改變，也許是情勢，也許是對方，也許是我們自己。

基於這個理解的意圖，自然會進入到所有溝通技巧的核心層面——「**同理心**」。

我們曾在之前介紹過的「人本主義」談到這個主題，同理心就是放下自己的判斷，單純的站在對方立場，聆聽他到底想說什麼。當一個人冷漠或生氣的對待我們時，我們如果暫時忽略自己的不舒服，思考「他現在是什麼樣的感受？」、「為什麼他會有這樣的感受？」、「他真正想要的是什麼？」，就是在運用同理心。

◆自我中心和自我感知不良者，溝通效果不佳

同理心是相當好用的溝通工具，但有兩種人學起來會比較困難：

第一種是對自己的感知能力很差的，這類人要不經常否認自己的情緒，可能脹紅著臉，大聲說我沒有生氣；要不就是對自己的內在狀態迷迷糊糊，常常就是「悶」或「煩」，真要問他怎麼了，也說不出個所以然來。可以想見，一個對於自己都不很理解的人，要去理解別人自然不容易。

第二種是過度自我中心的人，有時我們會遇到那種，寒流來時才剛問發抖的你是不是感覺很冷，還沒來得及回答，下一秒已經開始炫耀他身上新外套的人。看似相

親密關係包括開放性的感情溝通，接受對方為有價值的個體且有深刻同理心的了解。——羅傑斯。

反，實則相似的另一種類型，也就是自視甚高，三不五時就在導正觀念、開導別人的那種人，這類人有時表面看來熱心、充滿正義感，然而這是出於一種「眾人皆醉我獨醒」的優越感，他們對於「教育」他人的興趣遠大於「理解」他人，他們能夠表現出極富同理心的樣貌，卻往往是在一個表淺的層次。

由上面的例子歸納起來，越是能夠清楚感知自我狀態、越能夠放下預設立場的人，也就是越有同理心的人。這門心法若是練到極致，同理甚至能夠跳脫技巧的層次，只是一種本然狀態的展現，有一種人不見得能言善道、舌燦蓮花，但一兩句話就能觸動你，彷彿比你還瞭解你自己，與這樣的人說起話來非常舒服，有種被深深滋養的感受，這種溝通的品質之高，可比擬頂級的心靈ＳＰＡ。

同理心不論做為一種態度或是技巧，都能提升彼此溝通的品質。講完了武功心

心理學小詞典

➲ **午餐技巧**：美國心理學家拉茲蘭曾做過這樣的實驗，讓受試者在讀論文時同時吃東西，結果發現「一般人幾個月內就可上月球」之類無稽的說法，竟然也有不少人相信；相反地，沒有吃任何東西的受試者則都持懷疑態度。研究發現人在吃東西時容易被說服，這種效果又被稱為「午餐技巧」。

法，接著來談技術層面，同理心的重點在於「以不帶評價的方式，儘可能準確地描述對方狀態」，以下是一些例句：「你說話的口氣比較激動，好像有點生氣」、「剛才我說想換工作的時候，你的表情看起來蠻擔心的」、「你同時要處理這麼多事，壓力應該很大」、「你看起來有很多心事，卻不知道要說些什麼」。

問題3 如何讓對方聽進去你的話：學習自我表達

自我表達也是溝通裡相當重要的部分，為了減少溝通上的問題，清楚而適切的表達是必須的。最好不要預設對方知道我們真正的感受或想法，即使是相當親密的人，也不見得能懂我們心思。可能的話，盡量不要利用表達來攻擊對方，例如生氣時與其說「你傷害了我」，不如說「聽你這麼說以後，我覺得很難過」，前者是指責控訴，後者是表達感受，兩者截然不同。

在需要表達自己的觀點時，同理也可以做為緩衝氣氛的技巧，我們可以先以同理

無私者的虛榮心是無邊無際的。 ——賀佛爾。

心的句子開頭，接著再說自己的意見，就可以讓說話聽起來比較圓滑，譬如與其直接說「你到底還要逃避多久，該是面對現實的時候了」，不如修飾成「我想你可能還沒準備好要面對這件事，所以需要一點時間，但我真的覺得再這樣下去不是辦法」，還比較可能讓對方聽進去，或至少願意跟你討論。

◆三明治技巧：用好話包裝真心話

附帶提供另一種適用於要給別人意見的場合，叫做「三明治技巧」的說話術，也就是把你希望別人改進的地方，用好聽的話「夾在中間」，例如「可以感覺你為這個專案付出很多心力，但我覺得顧客意見這部分再組織一下會更清楚，整體而言比之前進步很多，再加把勁！」、「你這麼不高興一定有你的理由，能不能再詳細告訴我當天發生什麼事，我瞭解情況後才知道怎麼幫忙你」，這也是同理技巧的應用。溝通技巧源自於西方社會，而我們生活在喜歡講「默契」的東方文化，有時會覺得這種說話方式略嫌彆扭，其實如果願意練習，光是同理心就算得上是好用的工具。當然，溝通是雙面的，若是對方擺明了不想談，最好的方式就是去同理「他正處在不願或無法表達的狀態」；如果願意的話，建議心中默念一次平靜祈禱詞，再進行你認為適當的下一步。

大師語錄　可以一起實現理想的就是朋友。　——黃光國。

人見人愛可以靠練習——如何提高別人對我的好感度？

如果在生活中持續實踐上述的溝通技巧，有了一定基本功之後，人際關係絕對差不到哪裡去，至少要發生激烈衝突的機會可以說等於〇。然而，雖說是路遙知馬力、日久見人心，平時總會遇到許多時刻是要把握三、五分鐘，哪怕一面之緣就要快速跟人建立關係的，不論是初次見面的客戶，還是平時遇不上的高層主管，這時有沒有什麼加分的小技巧呢？當然有。

問題1　烈女怕纏郎：看久了就會喜歡？

社會心理學中有一個理論，叫「重複曝光效應」（Mere Exposure Effect），意思是說任何事物（圖片、音樂、姓名……），只要不是太讓人反感或無聊的東西，多接觸幾次之後，我們就會因為熟悉感而提升好感度。很多人有這樣的經驗，有些新歌前幾次聽到時真的覺得很怪，怎麼都聽不順耳，接著被電視打歌轟炸一個月，再到KTV聽朋友唱個幾次，慢慢地自己也開始能哼上兩句，竟然也覺得不錯聽，偶爾還會在網路找來複習一下，這就是「重複曝光效應」。

◆將印象植入大腦：重複曝光效應

商業廣告是應用這個理論的行家，他們大手筆在電視台買時段，讓你在進廣告時

大師語錄　每個男人心底深處，都有一個女人的原型；
每個女人心底深處，也有一個男人的原型。　——榮格。

第一時間看到產品訊息或品牌形象，然後每次節目開始前又看到一次。這種廣告的操作手法，是用一個簡短的圖像加上口號不斷反覆，雖然不過兩到三秒鐘，兩個鐘頭節目下來也看了數十次。讓人在不知不覺中變得熟悉，如果有固定收看某個頻道的觀眾，接觸同質廣告的頻繁程度，足以讓任何新產品的陌生感快速消失。

當資訊反覆次數夠多，印象就能夠植入消費者的記憶中，下次到賣場購物時，自然而然會出現在腦中的清單上。如果你要買的產品剛好有一大堆同類品牌可供選擇，這種廣告的效果就會出現，因為人類的運作模式有個傾向，當不知如何作抉擇時，有印象或熟悉的東西很容易出線，縱使不知道產品實際上的優點，仍會因熟悉而產生好感與信任感，但實際上只不過是廣告的效果罷了。

重複曝光效應跟讓人產生好感有何關係？有一種類型的人，擅長用癡心守候或死

心理學小詞典

➲ **重複曝光效應**：這是心理學家羅伯特．翟安（Robert Zajonc）知名的實驗：他請幾位大學生看一些人物臉孔，有些看二十次，有些卻只看一、兩次。結果發現，隨著曝光頻率的增加，那些大學生對於人物臉孔的喜好度也會增加，只要人、事、物不斷在自己的眼前出現，自己就愈有機會產生好感。

纏爛打的方式追求異性，把「永不放棄」當做座右銘，雖說不少單身曠男怨女視其為「奧步」而不屑一顧，其實時間一長，成功率好像還不算太低。這種手段就是以重複曝光效應為基礎，熟悉感提升，好感也提升，還能爭取到更多機會讓對方看見你的優點，當然前提是不能一開始就惹人厭。

問題2 如何善用同步技巧：愛上鏡子中的自己

我們都曉得人際關係的重要技巧之一是「投其所好」，然而，對於初次見面或不熟的人，通常無法立刻知道對方的喜好。重複曝光效應告訴我們，人通常都喜歡熟悉的東西，所以只要讓對方產生熟悉感，也就能同時誘發他的好感。基於這個理由，一個總統候選人在選戰期間，會因應其競選團隊相中的族群，刻意使用某種語言來造勢，或在演說時捲起襯衫袖子，來引發特定團體的熟悉度與好感。

人最熟悉的事物是什麼呢？是他的專業領域？親朋好友？穿著風格？家鄉的街

大師語錄 情境提供了線索，讓專家得以從記憶提取訊息，並提供答案。直覺就是辨識，不多也不少，就是它。——西蒙。

道？還是小時養的寵物？都有可能，但也都不確定。唯一能夠確定的答案，人最熟悉的事物，是從出生至今不曾間斷，每分每秒都在接觸的——他自己。人對於有關自己的一切事物，鐵定熟悉到不能再熟悉，那是一種像空氣般理所當然，超越喜好層次的熟悉。

「你喜歡空氣嗎？」這顯然是個奇怪的問題，因為除非摀住口鼻，我們甚至意識不到空氣的存在，自然也談不上喜不喜歡。我們對於自己的熟悉就類似這種情形，就像人聞不出自己的體味，不知道自己走路的習慣，難以發現自己有口頭禪。因為這些東西都已經太過熟悉，而人類大腦是最喜新厭舊的，不會浪費資源去處理古董訊息，所以這份熟悉感大多被收納在我們潛意識裡。

我們即將介紹的「**同步技巧**」，就是利用人在潛意識中對自己的熟悉度，來迅速提升對方好感的技巧。「同步」指的是我們在仔細觀察對方的行為模式後，有意地加以配合或模仿，這個技巧也被稱為「**鏡映**」，意指在我們使用這個技巧的當下，與我們互動的人會在我們身上看到許多他自己的習慣動作，就如同在照鏡子一樣，因而會產生熟悉感。我們將簡單介紹如何操作同步技巧。

a.這樣說話最討喜：同步速度和節奏

每個人必定都會有自己說話的習慣，針對同步技巧的初學者，最容易入手的要點就是說話的「速度」。就算初次見面的對象，我們也能夠在一分鐘之內，覺察對方說話的平均速度，不論是比自己快或慢，只要不動聲色的逐漸配合對方說話的速度就行。

這個技巧不難理解，一般而言人的說話速度就約略等同於他的思考速度。如果遇上說話速度比我們快很多的人，就會覺得有點吃力，因為我們的思考速度跟不上對方的節奏。相反的，碰到說話比我們慢上許多的，對話則會有點不暢快，讓人心浮氣躁。而跟自己講話速度差不多的，當然就是最舒服的狀態。

掌握這個技巧需要練習，要突然改變自己的說話習慣並不容易（有興趣的讀者可以轉到大愛電視台，試著模仿證嚴法師的說話速度體驗看看）。這個技巧對於口語表達力的鍛鍊很有幫助，掌握速度之後，還有許多說話模式可以練習，譬如音量大小、句子長短、每句話與下一句的間隔時間、語助詞（例如：有些人慣用「真的」或「是

大師語錄　不費力氣而能解決問題的能力絕非與生俱來，它是慢慢地學習得來的。　——哈洛。

不是」來附和他人）。

說話的節奏也很重要，同樣是回答問題，有些人會迅速回答，有些人就會思考一下再說。快速答話的人通常不喜歡聽太複雜的敘述，也比較缺乏耐心，所以如果我們慢吞吞又講得長篇大論，他的心思早就不知跑哪去了。相反的，會想一下再答話的人，如果我們用明快的方式回答他的問題，可能會被認為不夠細心或不可靠。

如果你語言能力足夠，某些場合在談話間混用英文單字會營造專業形象，某些場合若能夠夾雜一些簡單方言則會增加親切感。當然要特別注意的是，某些特殊情況下，模仿對方的說話方式可能會冒犯對方，我們不會笨到去模仿對方的口吃或大舌頭咬字，刻意去學別人的口音腔調也可能讓對方誤以為你在取笑他，沒有把握最好不要嘗試。

b.這樣看人最討喜：眼神交錯間的默契

一般溝通技巧的書籍通常會教導固定的原則，諸如對視時間以五到十秒鐘為宜，直接盯著對方的兩眼看容易產生威脅感，不如把焦點放在鼻樑上方，形成一種若有似無的眼神接觸，會讓人感覺比較舒服等等。這些通則適用於大多數場合，然而如果想要提升對方的好感，就必須考量到，每個人因為當下狀態的不同，感覺自在的眼神接觸模式是不同的。

處於自信滿滿的時候要跟人對眼侃侃而談不難，相反的，萎靡不振時看著旁邊的景物說起話來會比較容易。而隨著談話對象的親疏遠近，我們喜歡的眼神接觸都有微妙差異。同步技巧可以操作的，就是去配合對方當下的眼神接觸模式，如果你發現對方每次看你兩三秒就別開目光，那就減少目光接觸的時間，別死盯著人家看，可以先自然地將目光引導至別處，例如稱讚對方的穿著，詢問配件的細節或看書面資料等。

如果對方習慣長時間看著別人眼睛說話，也可以柔和的目光回應。就像熱戀中的情侶可以長時間看著對方而不厭倦，一般來說，隨著對話而增加眼神接觸的時間或頻率，是對方對自己好感增加的指標，以一個鐘頭的對話為例，如果同步技巧操作得當，談話到了後半目光接觸的時間增加到二至三倍是常有的事，我們只需隨之配合增加接觸即可。

大師語錄 現今世代裡最主要的精神官能疾病便是空虛。

——榮格。

C.這些動作最討喜：變成鏡子裡的雙胞胎

人在談話過程中必然會出現一些動作，例如點頭、手抱胸或插口袋、撥弄頭髮、翹腳等等。同步技巧在此是偷偷地模仿對方的動作，在談話中用眼角餘光觀察對方的動作，並與之做出類似的動作，請記住我們是要「偷偷地」模仿對方，要點就是「慢半拍」，當對方無意識摸了自己臉頰，我們就在三到五秒後也摸一下自己的臉頰。

另一個重點是不能「左右不分」，還記得同步技巧又被稱為「鏡映」，也就是要讓對方隱約有在照鏡子的感覺。鏡子裡的人跟我們的左右是相反的，如果跟我們面對面的人用右手拿起了杯子喝水，那我們就在幾秒後用左手也拿起杯子喝水；對方若是翹起了左腳，我們就隔一會兒翹起右腳，以此類推。

這個技巧最重要的訣竅就是「偷偷地模仿」，也就是不能刻意到讓別人發現你正在模仿他。除了延遲的時間要夠久，選擇具有代表性的動作來模仿也是重點，這就有賴於觀察力的敏銳與否。試著練習一下，私底下觀察你身邊的同事有何習慣動作，如果你能模仿別人到維妙維肖，就證明你的觀察力相當出眾。

如何知道「同步技巧」已經成功了？在與人接觸的前半段，我們刻意調整自己去配合對方的言行，這是我們「單向」與對方同步。有意思的是，一旦同步到某個程度，雙方就會產生奇妙的連結，同步會慢慢轉為「雙向」的，也就是對方也會開始下意識地模仿你的動作，或配合你說話的方式，一來一往之間，兩人就變得越來越有默契，越聊越起勁。心理學研究也顯示，如果一個人對他的談話對象越是信任、越有好感，雙方在談話過程中的肢體動作也就越為相似。

這種同步現象看似奇妙，卻是生物學上相當合理的設計。神經學家發現我們腦中內建了一組特別的感知器，稱為「鏡細胞」（Mirror Cells），這種細胞的獨特功能是讓我們對他人「感同身受」，如同字面上的意思，當我們觀看一個人的手被觸摸了，鏡細胞就會發送同樣的訊息，在我們腦中管理觸覺的部位就會被激發，彷彿我們自己也被摸了一下，即使我們並沒有意識到，我們的大腦仍會自動去跟他人「同步」。

此外，鏡細胞的另一個功能是讓我們去模仿他人。讓我們回到遠古時代，想像一下你身裹獸皮站在大草原上，突然間看到週遭的同伴拔腿狂奔，雖然不曉得發生什麼事，你的鏡細胞將使你感受他人的恐懼，跑了再說。以生物演化的角度而言，跟著群

環境改變人生，但不應統御人生。人的意志，應該要比他周遭環境更堅強。——威廉．詹姆士。

體行動比較能趨吉避凶，也不會被群體排擠而需獨自求生。不論有意無意，人在基因中就是帶著模仿群體的傾向。

懂了這個機制，也就瞭解同步現象存在的意義。應用在同步技巧上，我們就能回過頭來確認，對方對我們的好感是否增加。譬如說，一開始我們刻意放慢說話速度去配合對方的節奏，一段時間後，我們可以慢慢加快到自己原本習慣的速度，如果對方也跟著增加說話的速度，那就表示同步現象建立了，在這種時刻對方的態度通常也比較開放，更容易採納我們的意見。

當然，同步技巧只是幫助我們建立良好的初步印象，日後關係的品質仍有許多變數。心理學雖然告訴我們，第一印象具有相當的影響力，但也並不保證好印象在將來不會被打折扣。所謂路遙知馬力，日久見人心，任何關係要想走得長久而穩當，除了提升好感的小撇步以外，費心思去經營是絕對必要的，這又是另一門人生功課了。

如何學會放下包袱，寬恕別人？

身為臨床心理工作者，每隔一陣子就會被問到類似的問題，「我該如何寬恕別人？」，對此，第一時間的答案是：「你不需要原諒任何人」。

先別急著把這本書扔出窗外，看看下面所說是不是有理。大家都知道怒火中燒的痛苦，也聽說過憤怒有礙身心健康，更沒人喜歡自己心眼小成天老記仇，然而你知道憤怒也有「好處」嗎？

大師語錄　寬恕是所有美德之中的王后，也是最難擁有的。
——皮特森。

以演化心理學的觀點看來，一切身心現象之所以被保留至今，必然對我們的生存起著作用，比方說，人類的生理構造相當擅長應付饑餓，一週不進食也不會有大礙，那是因為缺乏糧食的嚴苛自然環境會將沒有這種能耐的人種淘汰。

問題1 動物也會生氣？憤怒是人類的生存本能

人類跟動物一樣會生氣，理由也差不了多少。憤怒通常是因為某人踩到你的界限，而讓你產生一種受威脅、受傷害的感受，透過把憤怒表現出來（各種形式的攻擊），能嚇阻那些越界的人，讓他停止覬覦你的財產、工作、或伴侶，這能夠降低不利我們生存的風險，也是憤怒原始的機制，它沒什麼不對，事實上，人類沒有它就無法在地球的舞台活躍至今。

憤怒對健康有害嗎？那要視情況而定。憤怒會帶來一連串立即的生理效應：呼吸急促、心跳變快、血壓升高。這沒什麼大不了的，盡力奔跑一百公尺後也有同樣反應，事實上，如果你抓狂的當下立刻出去跑步，或做任何能幫你把怒氣宣洩出來的運動，那麼生氣產生的效應很快就可平復。研究顯示壓抑憤怒對健康的負面影響大過憤怒情緒，壓抑憤怒可能讓你更容易得到感冒或癌症，憤怒本身倒不見得有這麼大的傷害性。

根據行為主義的觀點，如果在兒時破口大罵時受到責罵（懲罰），而在憤怒時擠出微笑獲得稱讚（增強），我們就學到「表現情緒是錯的，控制怒氣是對的」。文明社會大都讚賞理性，或者說能發揮大腦前額葉皮質功能的人；多數宗教把仇恨標示為「有毒」或「骨髓裡的疾病」，勸戒我們放下與原諒。寬恕確實很美好，問題是，多少人做得到？

問題2 寬恕別人也需要SOP流程？

寬恕這檔事需要一定的步驟，正如聖嚴法師所言：「面對它、接受它、處理它、

大師語錄 我們面對傷害的第一個反應就是保護自己、尋求安全的庇護，並設法保障自己的身心健康。憤怒、恐懼、受傷和憎恨，事實上都是幫助我們做到這點的情緒適應技巧。

——帕格曼特。

放下它」，可以說跳過前面任何一個步驟，所得到的寬恕都是不完整的。就臨床看到的現象而言，「面對」與「接受」這兩個步驟，就算不是完全被忽略，它們的重要性也被大大低估了。憤怒本身已然灼熱，但我們更加厭惡無法停止憤怒的自己，社會給予的制約讓我們急切的想擺脫憤怒，而不願多看它一眼。

所以我們需要談談「面對」與「接受」，在此要稍微深入憤怒的本質。人對於憤怒的態度是矛盾的，一方面厭惡憤怒，另一方面卻也非常需要憤怒，最重要的理由之一是，憤怒讓人感覺到自己是對的，所以有權責怪對方，譬如說，我們可以為了核電廠而憤怒，為了媒體壟斷而憤怒，也可以為了某人傷害你而憤怒，完全可以，至少有一百個理由支持你的生氣是正當的，憤怒讓你渾身充滿了力量，進入戰鬥模式，你的確該發怒。

相反的，寬恕像是傻子才會做的事，它使你必須放棄譴責的機會，它使你不能以正義的一方自居，它無法用憤怒迫使對方改變，也無法用憤怒勒索別人的道歉與補償，它讓一切是非對錯失去意義，它讓兇手無法得到應有的制裁，它讓人不得不停止扮演受害者，同時失去世界對受害者的關注與同情。是以奧修大師說：「**你不可能快**

樂，快樂時你什麼都沒有，不快樂時你卻擁有全世界」。

於是，人類與憤怒締結了怨偶難離的糾葛關係，口頭嫌棄，骨子裡需要，這種關係最是難解。你不需要原諒任何人，因為你還沒有認真考慮要不要跟憤怒分手，這一刻奪門而出，下一刻還是會再復合。除了因為這是齣不停反覆的戲劇，還因為壓抑憤怒會傷害你，也會讓下一個冒犯你的倒楣鬼掃到颱風尾，與其這樣，還不如老實的承認，此時此刻，憤怒存在，對憤怒的矛盾也存在。

◆釋放怒氣，是接受的第一步

即便你不願或不能寬恕，單純地覺察你的壓抑與怒氣，然後用一種安全的方式將情緒宣洩出來，對於處理憤怒將是很有幫助的。用半小時左右的時間，找一張圖畫紙（通常半開左右是足夠的），用彩色筆或蠟筆塗鴉，隨興畫出線條或色塊，暫時拋開理智的判斷，像個小孩一樣，不論美或醜，別管像不像，抽象或具體都行，讓直覺帶領你的手，把情緒在畫紙上表達出來。

大師語錄　愚者既不寬恕、也不忘記；幼稚者既寬恕、又忘記；智者寬恕、卻不忘記。　——湯馬斯・薩斯。

如果你覺得畫圖過於優雅或做作，找一個安全的空間，讓你可以盡情搥打踹踢而不會受傷（如果找不到有軟墊的地方，彈簧床加上棉被枕頭就很夠用），讓自己像一隻憤怒的動物那樣，在不受傷的前提下盡情發洩。如果你覺得破壞某些東西效果更好，但又不想事後感到後悔，一疊舊報紙就可以達到絕佳的效果，不論撕碎、拉扯、揉捏、丟擲，可以有各種創意花樣。

在進行這個活動時，如果不能夠放下身為文明人的矜持，要不就是覺得自己發瘋了，要不就是對自己的狂暴粗野感到驚訝。如果足夠投入，表層的情緒會更加深入，並帶出之前累積壓抑的各種情緒，某些時刻我們會體悟到，憤怒其實並非由表面的事件所造成，那個看起來傷害你的人，只不過是碰觸到你陳年的傷口罷了，關鍵是我們內在所攜帶的怨恨，那個傢伙只不過是一根稻草。

寬恕與其說是種美德，不如說是個「**決定**」。如果促成這個決定的理由夠清楚，也就是優點與缺點都被充份考慮，我們就能從這個決定得到最大的幫助，不管最後決定是要繼續憎恨或嘗試原諒，都好過壓抑與矛盾。科學研究告訴我們，寬恕的人有更佳的身體健康，更少的心血管疾病，當然，與寬恕對象的關係也更好，但這些可能都比不上格言所說的那句「寬恕使我們自由」。

小結 學習寬恕，從五個步驟開始

首先請記得你握有百分之百的選擇權，勉強而來的寬恕不見得有什麼好處。如果你已經充分面對與接受憤怒，仍然決定要選擇原諒，以下是「處理」的建議步驟。

1回憶

回想讓你憤怒的事件發生經過，不要把對方視為罪人，也不要認同自己是受害者，試著像第三者般客觀，慢慢在腦海中回想人事時地物，不要加入情緒或評論，就像拍攝紀錄片一般，盡量忠實呈現發生什麼事。

2同理

這個步驟比較困難，要從對方的觀點來看為什麼他要傷害你，你可以設想對方

人類本質中最殷切的需求，是渴望受到肯定。

——威廉·詹姆士。

會如何解釋他的行為，這通常不外乎幾種情形，他當時處於憤怒或不安全感等強烈情緒、他感覺受威脅或這麼做可以保護自己、他並不真正瞭解自己行為的後果、或不知道你有多在意這件事、他是照著以往的行為模式，又或者跟多數做出傷害他人的人一樣，沒有想太多就只是做了。

3 被寬恕的經驗

回想你從前傷害別人的經驗，不論有意或是無心，只要對方感覺被冒犯或受傷都算，但對方最後選擇了原諒你，或至少克制住報復的衝動；回想你如何為此鬆了口氣，或帶著某種程度的感激。

4 承諾

宣布自己決定要原諒，寫一封信給對方，或是寫在日記中，告訴一個信賴的朋友也行，把寬恕用某種方式具體化的表達出來。

5維持

這是最後的步驟，也是相當困難的一步。你選擇原諒不意味著那些記憶會被消除，它們可能不時會進到腦海中，有記憶並不代表不原諒，只是避免在記憶中加入報復的心情。有段時間你會需要不斷提醒自己已經決定寬恕了，如果有必要的話，問問自己先前決定要寬恕的理由？這些理由現在對你是否一樣重要？對某些人來說，重複前幾個步驟會有幫助。

憤怒的飛機慢慢累積壓力，最後的結局通常是墜毀，而寬恕則是一旦着陸後的平靜。——拉斯金。

如果人生的目的是幸福，我們如何才能從此過著快樂的日子？

快樂這檔子事算是千古謎題，長久以來哲學、宗教、心理學都有相當多的論述，不外乎想給眾生一盞指路的明燈。以臺灣近幾年的狀態，雖然還沒走到民不聊生的田地，但開始有年輕一輩給自己土地起了個新名叫「鬼島」，來反映對環境的失望。越是看似黑暗的時刻，快樂就顯得越是急迫，但也越是難解，心理學家雖然沒有完美的答案，至少能依靠科學研究來提供新的思考。

問題1 快樂何處尋：來自心靈的富足

根據遠見雜誌「二〇一二幸福感調查」的結果，臺灣社會的快樂指數為四十八・九分（滿分一百），個人幸福感是勉強及格的六十四・二分。在世界一〇三個國家之中，臺灣的快樂排名為四十一名，在快樂諸國榜上敬陪末座。再者，如果我們同意經濟能力與物質生活是快樂的主要基礎，以現況來看，多數的七、八年級生以及他們孩子的未來顯然不太樂觀。

我們或許聽過，有個叫做不丹（Bhutan）的小國家，雖然土地貧瘠，國民所得僅有臺灣的二十分之一，卻有百分之九十七的不丹人民表示對生活滿意，並在二〇〇六年獲評為「世界最快樂的國家」。這個現象的背後成因複雜，虔誠的信仰、不凡的領導人、尊重自然的生活型態等都是關鍵，然而最直觀的部分，或許是那份「獨立於物質世界的心靈富足」帶來的反差。

心理學家曾到印度加爾各達的貧民窟，對一群性工作者進行研究，這群人迫於生計出賣肉體，過著貧窮而沒有保障的生活，然而以他們主觀的視角對十二項生活滿意

大師語錄 有太多人以追求享樂為生活的目的，但是參與和意義卻遠比享樂重要。——塞利格曼。

度指標的評分，居然多是滿意高於不滿意，雖然整體滿意度比不上女大學生，但也絕非一般認為的可憐或值得同情。一系列的研究也暗示著，快樂雖然有一定的結構性基礎，更多部分卻更接近某種主觀感受。

問題2 如何建構快樂（Happiness）的方程式

正向心理學之父塞利格曼曾組織一個快樂研究小組，在檢視大量研究報告之後，提出了所謂的「快樂方程式」：

H（快樂）＝S（先天的快樂起始點）＋C（生活條件）＋V（自發性活動）

◆ S（Set Point）：快樂是一種基因？

首先H是Happiness，中文譯成「快樂」或是「幸福」。快樂的第一個元素S是

Set Point，指的是我們透過遺傳而來的生理因素，它決定了每個人天生能夠感受快樂的程度（情緒基調）。即使是發明心理治療的心理學界也不得不承認，人的快樂與否跟他的基因脫不了關係，遺傳會給定一個快樂的基準值，根據估計，快樂起始點的影響力高達百分之四十，也就是說你有近一半的快樂程度是出生設定的。

曾有研究追蹤二十二名中了大樂透的人，發現他們不久過後就回到中獎前的快樂程度，也不比那些沒中獎的人來得快樂，這就是快樂起始點的運作方式，不論遇到什麼樣的事件，都會逐漸回歸到平均的快樂程度。好消息是，縱使是因交通事故而半身不遂的人，也能很快適應，研究顯示他們在八週後正面情緒就多於負面情緒，而幾年之內，他們就會恢復到接近正常人的快樂水平。

◆ C（Conditions of Life）：生活的富足可以帶來快樂？

其次C是Conditions of Life，主要指種族、外貌、職業、社會地位、經濟能力、居住地點等客觀條件，有些我們無法改變，有些我們能夠掌握到某個程度。生活條件

大師語錄 找到好事情的永久性和普遍性的原因，和對不幸事情的暫時性和特定性的解釋，是希望的兩個臺柱。
——塞利格曼。

能左右快樂程度是每個人都曉得的，但估計出來的影響力可能會令人意外。心理學家認為生活條件的影響力約莫是百分之二十，這意味著雖然我們幾乎投注所有心力在改善生活條件上，但是擁有姣好外貌或上億豪宅並不保證能夠過著幸福快樂的生活，因為只有五分之一的快樂來自這些事物。

塞利格曼的研究結果發現，下列事項對於增進快樂「沒有」太多效果，分別是：

(1)賺更多錢：如果你有足夠的錢買下這本書，增加收入並不會增加你的快樂，物欲越高的人越不快樂。

(2)刻意增進健康：主觀的健康遠比客觀的健康來得重要，如果看過力克胡哲（Nick Vujicic）在YouTube的演講，或是著作《人生不設限》，你一定會同意這點。

(3)接受更高的教育：研究發現教育程度與快樂程度毫無關係。

心理學小詞典

➲ 破窗效應（Broken Windows Effect）：如果在大樓上有扇窗戶破了，卻一直無人修理更換，久而久之，其他窗戶也會跟著被打破，變成一棟滿是破窗的建築。比喻若是輕微失序未儘速修正，人們將會逐漸鈍化，認為不守規矩是可被接受的，進而演變為更嚴重的混亂。犯罪心理學以此名詞解釋，何以某些地區或某種情境下有特別高的犯罪率。

話雖如此，某些生活條件仍然值得我們花費心力去改變，我們應該盡量減少曝露在那些對我們有負面作用的情境，如果可能的話，遠離包含噪音在內的各種污染是明智的作法。鄰近居民的水平相當重要，研究顯示車輛在貧窮的社區將更快被偷走，即使在高級的社區，如果大家慣於對小疏失視而不見，群眾將慢慢對髒亂與失序變得麻木，逐漸形成一股混亂的效應。

一份待遇優渥但會干擾你私人生活的職業，可能需要認真考慮，研究也發現許多人低估了冗長的通勤時間對體力的負擔。再者，除非你確實鍾情於獨行俠的生活，否則長遠看來，任何犧牲家庭與人際關係的決定都是不值的，他們能為你的快樂加分，並在逆境中支持你。假如你認為結婚能夠帶來快樂，不妨一試，研究顯示即使不快樂的婚姻關係也好過未婚或離婚。

◆V（Voluntary Activities）：哪些活動可以帶來快樂？

最後V是Voluntary Activities，也就是你在生命中安排的活動，這可能是快樂方程

一個人從小生長的環境，將會成為日後他的「生活風格」，並影響他的一生。——阿德勒。

式中最關鍵的元素，不但影響力可與快樂起始點相比擬（遺傳佔的百分之四十），更重要的是它全然由我們的自由意志所決定。此外，在幸福方程式剛提出的年代，普遍認為先天的快樂起始點是不可改變的，然而新近的研究顯示，基因確實會受到外在環境的影響而改變，而某些活動甚至可以重新塑造神經連結，改變大腦的運作模式。

合理的提問是，從事哪些活動最能夠增加我們的幸福指數？這個問題的答案相當複雜，同樣是花錢卻可能帶來不同的結果，這要依消費的動機跟類型而定，如果是炫耀式消費（目的是為了讓別人看得到，並做為自己身分地位的象徵），提升快樂的效果通常短暫而不穩定，我們知道買了新玩意兒的愉悅感通常不過兩個禮拜，更別提當自己的賓士迎面遇上法拉利時，有多麼令人氣結。

心理學小詞典

➲ **阿倫森效應：**人們最喜歡那些看來不斷增加的事物，最不喜歡那些顯得不斷減少的事物，心理學家阿倫森在實驗中將人分四組對特定一人給予不同的評價，藉以觀察某人對哪一組最具好感。第一組始終對之褒揚有加，第二組始終對之貶損否定，第三組先褒後貶，第四組先貶後褒。結果發現絕大部分人對第四組最具好感，而對第三組最為反感。

能夠帶來感官或肉體享受的活動，例如：美食與性愛，算是相當普遍的愉悅來源，雖然當下的感覺很強烈，也很容易讓人沉溺，酒精與藥物就是極端的例子。另一個值得留心之處，是感官的愉悅通常消逝得很快，因為我們的大腦喜歡新鮮事物，是以第二口巧克力帶來的快樂甚至不及初嚐的一半，心理學稱為「習慣化」效果。得到更多愉悅的祕訣就是避免習慣化：別把整桶冰淇淋一口氣嗑完，如果這很困難，至少換換口味。

◆深層的滿足感：「心流經驗」

塞利格曼認為**愉悅**（Pleasure）與**滿足感**（Gratification）是兩種不同的快樂，愉悅有比較多的感官及情緒成分，滿足感則是一種較為持久而穩定的，可說是一種高層次的快樂。一般直覺認為輕鬆的休閒活動比較能夠帶來樂趣，然而研究顯示不盡如此，心理學家發現有一種名為「**心流**」（**Flow**）的高峰體驗，能為人類帶來最深層的滿足感。

大師語錄 感激會放大好處，寬恕會解除壞事情抓住你的力量。
——塞利格曼。

心流經驗可以出現在各種活動，球賽、下棋、舞蹈、攀岩、數獨、料理、寫作、演奏、思辨、遊戲、做手工皂……等等，這些活動必須具備某些特質：

(1)需要技術且具挑戰性。
(2)全然專心地投入。
(3)有立即的回饋。
(4)有自我控制感。
(5)自我感消失。
(6)時間停止。

這種因極度專注投入活動的當下，彷彿自我跟時間都不存在，只有當下純粹的經驗在流動的感受，可以「物我兩忘」來形容。

比起看場電影，或在朋友的動態留言按讚，心流經驗差不多就像中統一發票那樣罕見。此外，它不但有很高的門檻，而且聽起來似乎不太有趣。確實，為了要追求滿足感，減少隨手可得的娛樂是必須的，因為充實的人生無法Cost Down，它必須投入時間與精力在略高於你現有能力的事物上，剛開始很困難，甚至挫折也不可避免，但接著成就感會出現，滿足感也會跟著來。

◆常懷感恩之心：練習表達感謝

如果心流經驗對你而言過於虛幻或唱高調，快樂方程式的V還有一個法寶──「感恩」。你毋需像宗教團體那樣成天掛在嘴邊，這事私下來就行。具體作法如下：睡前留下十分鐘，回想一整天發生的事，不論事件大小，寫下至少五件值得感謝的事（真的寫下來，別只是用想的），剛開始覺得彆扭是正常的，但至少堅持兩週，如果覺得有幫助，延長至一個月或更久。

還有個進階版的感恩練習，這個版本費事之處是你需要一個真正的對象，再加上不算少的勇氣；相對的，優點是只要你願意真的去做，凡是親身體驗過的人都可以保證它魔法般的效果。具體作法如下：選擇一個對你生命相當重要，但你從來沒有機會向他好好道謝的人物，選張紙寫下一段感激的話，不用太長，也不必急著完成，反覆修改到你覺得差不多為止。

大師語錄 在我看來，幸福應該包含三個不同的概念，第一是愉快的生活，第二是充實的生活，第三是有意義的生活。
──塞利格曼。

關鍵時刻來了，與你想要感謝的對象約個時間碰面（但不要告訴他你的真正目的），並確定有充裕的相聚時間。見面寒暄後，將你寫的文章當著對方的面慢慢唸出來，讓對方有足夠的反應時間。這個練習對擅於表達的美國人來說都很害羞，對於我們的難度自然不在話下，然而冒險一次是值得的，套句塞利格曼的話：「我不需要做實驗也知道它的威力」。

快樂不是去除痛苦，而是不受制於痛苦。我們看到近年來國際間提倡「幸福力」與「感動力」，還有日本的漫畫及影視作品《深夜食堂》這類溫馨小品大受歡迎，這些現象反應的都是人們多麼渴望走出內在的沙漠，希望浸潤乾涸的心靈。快樂的祕訣之一，是開始對自己與別人付出體貼與感激。如果你願意，有時一個笑容，就能讓人我對立消弭於無形，那是鑽石般的富足，真實不虛的洗滌。

常常懷疑自己，甚至開始懷疑人生——我們該如何增加自信？

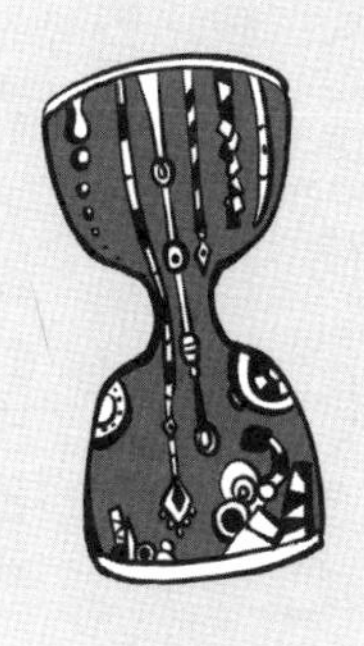

你知道「自信」跟「自尊」並不全然一樣嗎？暫且賣個關子，先從自尊談起。自尊（Self-esteem）指的是人對自己的評價，也就是「自我感覺有多良好」，自尊心高的人覺得自己有能力、覺得自己表現好、覺得自己很重要。至於這些自我感覺是不是與這個人的真實能力或客觀評價成正比？不見得。能力好的人自尊通常低不到哪裡去，但能力差的人也未必覺得自己多不好。

大師語錄　每個人都帶著不同的自卑感長大。
——阿德勒。

問題1 什麼決定了自尊：文化決定自尊形態

自尊是心理學家非常感興趣的主題，早期研究顯示，高自尊的人通常對自己的看法比較正面、比較聰明、社交技巧較好、憂鬱程度較低。低自尊的人相對而言有較差的社會經濟成就、較嚴重的心理疾病、較多的問題行為或法律問題。既然低自尊有這麼多缺點，提高自尊似乎是個合理的作法，特別是美國的教育體系，幾十年來奉行這個理念，不論孩子實際表現如何，總不忘鼓勵一番，提升自尊心。

然而，不久後心理學家發現，美國心理學所談的這一套自尊，不見得通用於全世界。以二〇〇五年一項研究為例，許密特（David Schmitt）與艾力克（Jüri Allik）兩位學者調查了世界五十三個國家人民的自尊水平，他們使用「羅斯伯自尊量表」（Rosenberg Self-esteem Scale）的簡短問卷，我們可以先實際瞭解一下自己的自尊高低。羅斯伯自尊量表有十個題目，作答方式是依試題的描述選擇「很同意」、「同意」、「不同意」或「很不同意」，你可以直接在以下試題圈選數字來作答。

羅斯伯自尊量表

	很同意	同意	不同意	很不同意
整體來說，我對自己感到滿意。	4	3	2	1
有時我會覺得自己一無是處。	1	2	3	4
我覺得自己有許多優點。	4	3	2	1
我能夠把事情做得和大多數人一樣好。	4	3	2	1
我覺得自己沒有什麼值得自豪的地方。	1	2	3	4
有時我真的感到自己沒有用。	1	2	3	4
我認為我是個有價值的人，至少與別人不相上下。	4	3	2	1
我要是能更看得起自己就好了。	1	2	3	4
整體來說，我感覺自己像一個失敗者。	1	2	3	4
我抱著積極的態度面對自己。	4	3	2	1

大師語錄　保護孩子免於失敗，即是剝奪他們學習失敗技術的機會。

——塞利格曼。

將所有圈選的數字相加後，就是你的自尊指數。以臺灣而言，大約有七成的人得分界於二十四分到三十四分之間，如果你的得分低於二十四分表示自尊指數偏低，表示跟多數臺灣人比起來，你對自己的看法比較負面；高於三十四分則表示偏高，表示你有比較正面的自我形象。

臺灣跟其他國家比較起來又如何呢？結果出爐，所有國家的自尊都在中等以上，顯示「正面的自我評價」似乎是舉世皆然的現象。然而出乎意料的，在自尊水平排名榜上，最低的國家居然是泱泱大國「日本」，倒數第二為「香港」，咱們臺灣則在五十三個國家中排名第四十九。學者自然不會將這個結果照字面上解釋，在進一步分析之後，他們發現這個現象的主要原因是文化的差異，也就是不同文化對於自尊的解釋是不同的。

歐美國家多是強調個人主義的文化，而亞洲則比較多是集體主義的文化。個人主義文化強調的「自我價值」（Self-Competence）與「自我欣賞」（Self-Liking），在集體主義文化中並不特別讚賞。反觀日本與華人文化，通常鼓勵表現謙遜，西方那套自我價值感在東方就像是自吹自捧一樣，是帶著負面意味的特質，就像問卷其中一題「我覺得自己沒有什麼值得自豪的地方」，美國人大多會選「非常不同意」，日本人則很可能會選「非常同意」。

在倪匡的作品裡曾看過一句話：「一生中如果有幾次機會能謙虛的笑一笑，總是件令人愉快的事情」，充分道出了華人獨特的自尊模式：越是值得驕傲的時候，越該表現謙虛，就像武俠電影裡的絕世高手說「不敢當」時，那種似笑非笑的神情。日本文化也講「一生懸命」（Ishokenme），指的是人絕不可能達到完美的地步，所以一輩子都不能自滿，只能持續精進你的專業領域。

自尊高就好嗎？當然不是絕對的，就像媒體每年都會出現幾則這類新聞：求學過程一帆風順的資優生，因為學業或感情上的挫折犯下了罪行，甚至輕生。這就表示，對某些個案來說，縱然達成傲人的成就，仍然無法建立起一種穩定的自我價值感，不禁令人好奇這個自尊遊戲該如何解套？是要追求更高的事業巔峰？還是要能職場情場兩得意？

大師語錄　從做中學是最有效果的一種學習方式。——杜威。

問題2 自戀到底好不好？

我們常用「自我感覺良好」來形容「自戀」的人，自戀究竟好不好？精神分析的觀點認為，如果我們能發展出一種「健康的自戀」，對於心理健康是有幫助的。健康的自戀表示對於自己有著高度評價，而且這個評價有某種程度的事實依據，不至於跟客觀評價天差地遠。另一個重點，就是我們正在談的穩定性，也就是自尊不會常常在變動，健康的自戀就相當於一種穩定的高自尊。

相較之下「病態的自戀」更令我們印象深刻，最極端的例子，就是心理病理學中所稱的「自戀型人格」。這類人通常「自覺」有特殊的才能或外貌，不但時常誇大自己的優點，也非常需要別人的稱讚。他們傲慢且極度自我中心，經常貶低或利用別人，缺乏同理心。有趣的是，他們的自我價值感通常很脆弱，需要不斷尋求他人的注意及肯定，相當於一種不穩定的高自尊。

多數人的自戀心理都界於健康與病態兩個極端之間，只是比較偏向其中一邊。分析學者寇哈特（Heinz Kohut）認為，我們童年時期的自我形象，常常在自戀與自卑兩邊搖擺不定，有時覺得自己無所不能，有時又覺得別人樣樣比自己強。自戀型人格在整合兩者的過程出了問題，因為無法接受自我缺點，反而形成一種扭曲的自尊，才需不斷自我誇耀與尋求肯定來彌補自尊的不足。

問題3 這樣的自尊要不得？

鮑邁斯特（Roy Baumeister）等學者曾經在一九九六年發表一篇學術論文，名為「高自尊的黑暗面」，他們回顧文獻後發現，高自尊並不像一般認為的如此美好，自尊高也顯示有較多的偏見、較多的攻擊、更強烈的自我保護傾向。學者肯尼斯（Michael Kernis）認為，高自尊還可再分為「安全高自尊」與「脆弱高自尊」兩種，後者雖然表面具有高自尊，自我價值卻很容易受傷害。

肯尼斯也表示，自尊的穩定性比自尊高低來得更為重要，換句話說，「不穩定的高自尊」的心理健康狀態，可能還比不上「穩定的低自尊」。研究顯示，不穩定的高

大師語錄 唯有找到自我之後才能不孤獨。——湯馬斯・薩斯。

自尊個體，有較低的心理幸福感，更多的敵意與攻擊；自尊的不穩定還與某些棘手的心理疾病有關，包括躁鬱症、妄想型人格、邊緣型人格、自戀型人格等。

如何定義自尊的不穩定性呢？簡單說，當遇到生活事件衝擊時，自尊程度變動得越劇烈，就表示自尊越不穩定。譬如說，不穩定自尊的人可能早上談成一筆生意就意氣風發、不可一世，到了下午被上司檢討疏失時，立刻像洩了氣的皮球，心情極度惡劣沮喪，這種自尊心在日常生活像股票市場般上上下下、高低起伏的狀態，就是不穩定的情況。

若將自尊比喻為一顆樹，穩定性就與樹根扎得多深有關。當扎根在較為淺層的土壤，自尊吸取的養分主要是來自於外在的成就與認可，或透過與他人的比較與競爭。這是從小教育教導我們建立自尊的主要方式，我們能達到愈高的成就、贏過愈多人，社會給我們的評價就愈高，於是我們的能力價值受到肯定，自尊也日益增長。

不幸的是，就算是最優秀的人，也無法在每一方面都成功，你永遠能夠找到在某方面遠勝於你的人。他人的評價更非我們所能控制，就算你當上了美國總統，保守估計也有上億人口不喜歡你。當無法達成某個目標，或聽到別人對自己不好的意見時，我們的自尊就受到動搖，一如扎根在淺層土壤無法帶來穩固的安定感，我們不時要留意外在環境，以防風雨來襲。

◆自尊不穩定的特徵1：「好勝」

自尊越不穩定的人，最容易辨識的外顯特徵，就是非常好辯、好勝，他們可能不厭其煩地挑別人的語病，對錯字見獵心喜，有機會就發表長篇大論。能夠糾正或教育他人，代表著自己所知較多，站在正確的一方，而透過各種競爭形式所帶來的優越感，正是自尊主要的養分，是以他們在這類時刻感覺最為良好，相反的，在對方不受教、不買帳時，他們可能轉為失落或憤怒，露出「朽木不可雕也」的表情。

如果是這類的人，建議要不就找個可以發揮的舞台（例如：律師、名嘴、某某老師……），要不就把表達方式稍作包裝，畢竟誰無自尊，就算是被虐狂也不喜歡老被挑戰或比下去的感覺。下次要發表高見前，稍微接一下對方的話，例如用「你剛才說的很有道理……」來潤滑一下，對方感覺就會好很多，再者，如果可能的話，偶爾稍

愛自己與愛別人不是對立的，你無法真愛自己及幫自己而不幫別人，且反之亦然。——卡爾．梅寧哲。

微對別人的話題表示興趣，對改善人際關係也有幫助。

◆自尊不穩定的特徵2：「猶豫不決」

另一類自尊不穩定的人，比較是內隱的特徵。他們總是猶豫不決，「眉眉角角」很多，一下這個要規劃，一下那個要研擬，真正做起事卻再三拖延，「效率」二字永遠跟他們無緣。這類的人主要的困難，是沒有一套穩固的核心價值觀，很容易落入想討好所有人的陷阱，許多精力都浪費在處理矛盾與情緒上，也降低了產出的品質。

◆自尊不穩定的特徵3：「自我價值低落」

自尊不穩定的人最大癥結，是自我價值很容易受到威脅。主要的原因，是他們的自我價值是建立在「我必須是對的」這類強迫信念，是以當看法受到別人的質疑時，自我價值就會動搖，所以他們會變得防衛或消沉。客觀看來，首先，沒有人是不會犯錯的，再者，每一件事都能有多樣視角的觀點，別人的質疑可能反應了彼此立場的不同，而非某一方是錯誤的。也就是說，他們有時會將他人無心的話語解讀成具有威脅性的。

除此之外，他們常把他人否定自己「某一方面」的觀點，等同於他人「全盤」否定自己的價值，這是一種在潛意識快速運作的微妙機制，本身通常無法察覺。打個比方，就算考試得了九十九分，只要有人提醒他們錯的那一分，他們的感受就像是考不及格甚至是零分一樣，在那個當下九十九分的喜悅蕩然無存。這種對負面訊息的放大，一竿子打翻一船人的過度反應，也是自尊不穩定的重要因素。

問題4 找到自信的關鍵是什麼？

其實，自尊之樹如果能扎根得更深，就開始可以慢慢超越外在的成就與肯定，從自己身上得到養分，這種狀態就叫「自信」，也就是信任自己。培養自信的方式很

一個人所有的東西皆可以被拿走除了一件事：「人類最後的自主權」。——維克多．弗蘭克。

多，但其中最關鍵的成分，不外乎透過自我摸索，來選擇一套合身的價值觀。這並不是一個容易的過程，通常我們要經過某種歷程，才能體認社會價值觀是由許多組不相容的信念所構成，換句話說，要讓所有人滿意是不可能的。

◆自信的練習1：克服自我防衛

而提升自信的關鍵，是把握每一次自我懷疑的時刻做為練習機會。當被別人質疑而感到不安時，暫時放下對方是針對自己的感受，按捺住辯護或攻擊的衝動，把注意力轉向對方的立場，思考他觀點的理由，就算當場做不到，事後獨自練習也很有價值。要訣是不要落入把對方妖魔化的慣性，因為我們會把寶貴的精力浪費在批判他人的不是。由於自我防衛是根深柢固的習性，需要反覆不斷的練習才能逐漸克服。

◆自信的練習2：學習自我肯定

另一個重要練習是自我肯定，當感到脆弱與不安時，我們可以適時滋養自己。提醒自己，眼前的挫折並不代表著自己的失敗，就像過去曾經歷過的那些困難時刻，雖然當下感到沮喪無助，但終究也一路走到今天。平時也可以蒐集一些有感覺的箴言做為正向肯定語，必要時用來自我激勵，例如：「我允許自己犯錯，並能從中獲取成長所需的經驗」、「無法擊倒我的將使我更加茁壯」、「我做我該做的，上天做他該做的」等等。

注意別讓自我肯定淪為一種逃避，藉由經驗來強化能力與自我效能感，仍然是自信的重要基礎。自信通常需要伴隨某種具體的知識或技能來發展，不論做為職業或嗜好，都能在逐漸精熟技藝的過程中增加自信。我們可以觀察到專業領域的達人通常都充滿自信，不論是手藝精湛的廚師、電玩競技選手，有人一年考取上百張證照，成為技職考試的專家，甚至還有飛碟的達人。重點並不在那個技藝是否被他人認可，而是能否在特定領域堅持與不斷深入。

從這個角度而言，與其說挫敗是人生不可避免的，倒不如說是增加自信所必須的。雖然我們都渴望旅途順遂，然而只有成功的生活看似耀眼，實則脆弱，失敗帶給

大師語錄　教育的真正目的，不是增加孩子的知識，而是設置充滿智慧刺激的環境，讓孩子自行探索主動學到知識。

——皮亞傑。

我們挫折感的同時，也產生一種實在感，讓我們得以從表面的完美幻象解脫。以近年來風行的各類選秀比賽為例，觀眾可以透過評審殘酷的趣味，見證挫折如何迫使選手改變，得到無可動搖的成長。弔詭之處在於，防衛讓人脆弱，敞開則讓人堅強。

小結　構成自信的三個層次

談完了以上，我們可以總結一下，自信構成有三個層次：

◆第一層次：自尊主要來自「比較」與「外在肯定」

在這個層次，我們可能極力爭取表現的機會、追求好幾個零的年薪、忍受痛苦的整型手術、藉機對他人展現權力、不願錯過流行時尚的訊息、因手機比隔壁桌的人高階而竊喜、認同人的價值決定於他的競爭力。這個層次是必經的，也完全可以讓自我感覺良好，然而正如前面所言，縱使投資許多心力，自尊仍缺乏真正的穩定。

◆第二層次：自信要藉由「自我挑戰」與「自我肯定」

除此之外，還需要選擇一套合身的價值觀，我們逐漸變得能夠信任自己，從而提升自信。在這個層次，我們找到能夠投入的領域，像傻子一樣反覆練習，狂熱於某種技藝，甚至不眠不休也沒關係。典型的經歷是探訪、摸索、挫敗、自我激勵，不斷反覆，而後慢慢能夠擺脫他人的評價，形成了「我之所以為我」的獨立概念，得到安身立命的自信。

處於第二層次的附加現象，是包容性與鑑賞力會隨著自信而提升。由於不需貶低他人來證明自己，我們開始客觀看待他人的缺點，並能包容他人就像包容自己的不完美。他人的優秀不會威脅到自己，因為我們深知那其中包含多少背後的努力，也能從技術層面去欣賞他的執著，細細品嚐出從前無法感知的差異。外在世界似乎變得愈趨美好與穩定，生活常有驚喜。

大師語錄 人要過了中年才會成為生命的生產者。

——艾瑞克森。

◆第三層次：自信可透過「宗教」和「靈性的追求」提升

這部分屬於超個人心理學，這意味著將稍微碰觸靈性或宗教的領域，由於這並非多數人生活所需，我們僅在概念上簡單敘述，做為參考。第一個自尊層次是藉外在肯定自己，第二個自信層次是自己肯定自己，這兩個層次都需要得到肯定，只是來源不同。然而，凡是肯定都是有條件的，也就是牽涉到一套好壞的標準，既然標準存在，對自己的評判也就存在，不論標準如何，我們就是喜歡符合標準的自己，不喜歡不合標準的自己。

終極的自我價值，是超越對自我的評判，用心理學的語言來說，就是以無條件的方式對待自己。不論自己是美醜胖瘦、開心難過、成功失敗、幸福痛苦、溫和暴力、健康殘疾、批判接受……，不論身心產生何種現象，就只是允許它們展現，持續以一貫的態度對待自己。逐漸地，我們超越個人的層次，發現內在深處存在一個連結，如同堅實的大地支持我們一切時，就踏入了第三個層次。

在不同的傳承脈絡下，第三層次有不同的名稱，以及達到這個層次的練習方式。這個層次的特徵主要是自我感越來越淡薄，對好壞評價逐漸不在意，被人讚譽也不特別歡喜，被人批評也不特別生氣。達到這個層次的個體通常不是什麼達人專家，或許只在生活裡做些基本而必要的事；他們看起來非常普通，平凡到就算與你擦身而過也不會想多看一眼，就像隨處可見的路人。

第三層次只是為了幫助理解，在概念層次上粗略的劃分，本質上這是條返璞歸真的道路，然而就算只有極少數個體進入這個層次，展現出來的樣貌也各異其趣。對此有興趣的讀者，可自行參考超個人心理學或靈性成長相關資料，如果不排斥古典文學，國學思想《莊子》中的〈齊物論〉對此亦有相當精闢的論述，值得一讀。

❶「延宕滿足」可以強化衝動控制，也能提高挫折容忍度，是邁向成功的必備能力。

❷高智商代表著在學習速度與效率上佔有優勢，但要天賦開花結果，必須加上大量的練習與準備。

❸針對成就而言，EQ的投資報酬率並不算太高。

❹溝通的動機通常來自於某種「不滿足」，通常我們渴望的是說服，而非溝通。

❺高品質的溝通則往往是雙向的，功能主要是促進表達與對談，讓雙方都能比溝通前更瞭解彼此的想法。

❻為了減少溝通上的問題，清楚而適切的自我表達是必須的，最好能帶入同理心的部分。

❼「重複曝光效應」是指任何事物，多接觸幾次之後，我們就會因為熟悉感而提升好感度。

❽「同步」是在仔細觀察對方的行為模式後，有意地加以配合或模仿，而「同步技巧」，就是利用人在潛意識中對自己的熟悉度，來迅速提升對方好感的技巧。

❾即使只是單純地覺察怒氣，用安全的方式將情緒宣洩出來，對於處理憤怒也是很有幫助的。

❿學習寬恕的五個步驟：回憶、同理、被寬恕的經驗、承諾及維持。

⓫快樂方程式：H（快樂）＝S（先天的快樂起始點）＋C（生活條件）＋V（自發性活動）。

⓬快樂的練習：睡前留下十分鐘，回想一整天發生的事，不論事件大小，寫下至少五件值得感謝的事。

⓭提升自信的關鍵，是把握每一次自我懷疑的時刻做為練習機會。

放下書，實踐心理學

-Practice-

在這本書的前面幾個章節，我們介紹了許多心理學知識，這些知識包括簡要的心理學史、心理學不同的取向、當代的心理學典範、重要的心理學家與其理論，以及當我們的生活面臨各種問題時，心理學是如何思考與解決問題。本書除了讓讀者們能夠認識心理學之外，還希望能夠讓讀者們在日常生活中實踐心理學。

心理學實踐的行前準備：功成下山前的總複習

我們可以把心理學想像成是一門功夫，幫助我們思考、討論、解決問題。雖然得到武林祕笈，要習得一身好武藝，還需要一點點竅門，心理學這門功夫，內容有些令人眼花撩亂，然而大抵上不外乎內功心法，外功招式。

招式1

心理學的內功心法：科學精神

心理學的內功心法，叫做科學精神。在心理學導論的部分，我們曾特別強調，「正統心理學」與「通俗心理學」的差異，在於正統心理學自詡為一門科學。科學並不等於一堆專有名詞，也不是高深的理論，這些只不過是「知識」。科學最重要的，是一種精神，一種態度。一個科學領域的專家未必就具有科學態度，反過來，一個詩人也可以有絕佳的科學精神。

◆從邏輯思考驗證理論基礎

科學的對立是信仰，信仰的意思是指把某個知識系統視為真理，毫不懷疑的相信與接受。科學追求真理，但科學並不宣稱自己是真理。科學理論需要不斷接受挑戰，才能越來越逼近真理，心理學也不例外。心理學的歷史，從古文明時期、哲學心理學時期，再到當代的科學心理學，就是學者們透過不斷的辯證，使心理學這個有機體不

大師語錄　每個人出生時，並非社會可以任意塑造的一團陶土，而是具備了一種結構。　——馬斯洛。

斷推陳致新，趨於完善。

我們提過許多心理學的經典實驗，也示範過如何以研究邏輯來思辨，才不至於對隨處可得的資訊盲從誤信。然而實驗法也只不過是一種研究方式，心理學更有眾多精彩的研究方式，諸如觀察法、訪談法、個案研究法、質性研究等等，受限於篇幅，無法將細節加以呈現，然而所有研究方法，都離不開科學精神的前提。

因此，**心理學的內功心法，其實是訓練一種獨立思維的習慣**，這個習慣應該符合科學精神，特別當研究對象是人這麼複雜的對象時，保有一份清晰的思維就更加重要。簡而言之，對於未知或已知的事物，一方面採取開放的態度，避免未審先判的加以否定，另一方面也需要嚴謹的眼光，在缺乏充份科學證據前不全盤接受，這是學習心理學的一個基本態度。

有了這樣的基本態度，面對心理學中形形色色的理論、學派、典範時，就比較能夠冷靜判斷。這些知識中有些會比較對你胃口，有些你則難以認同，這都無所謂，只須記得，每個理論都只不過是真相的一小塊拼圖，而全貌只有上帝知曉。我們所要做的，是運用獨立的思維，尋找對自己有意義的真理，使我們變得更好，如此而已。

招式2 心理學的外功招式：體用合一

而心理學的外功招式，也就是體用合一。本書開頭的導論曾說過，當一個三歲孩子用哭鬧的方式讓母親安撫時，他已經算得上是個應用心理學家了。這就表示，人人必定都有一套自己的心理學理論，是可以操作與應用在生活上的。學習心理學最大的益處，就是讓我們回過頭來檢查，自己的理論是否完善？思維是否合理？視角是否多元？操作是否適宜？

◆從理論中找到改變生活的契機

舉例來說，有一個人從小被教育，為了受人歡迎，必須讓自己樣樣出色，各方面都達到最好。他一直朝著這個目標努力，有了亮眼的成就，為了讓自己人緣更好，對於別人可說是有求必應，只要能力範圍許可，都儘可能去幫助他人。相反的，他盡力把自己的工作做到最好，不論大小事都避免麻煩別人，他最自豪的一件事，就是不會

大師語錄 所謂的「文化」是藉著對本能衝動加以壓抑，才能取得發展所必要的能量與形式。——佛洛伊德。

造成別人的困擾，不會給同事添麻煩。

隔了一陣子，他發現手上有將近一半都不是自己分內的工作，而是一堆義務幫忙的雜事，下班後他得在公司多留一個小時，才有辦法完成業務。而他逐漸覺察到，自己似乎怎麼樣都打不進同儕的友誼圈，大家表面對他客客氣氣，私底下的聚會卻不曾邀他，碰面也都是聊公事。他不禁開始懷疑，盡本分又善待他人的自己，為何不受歡迎？

如果這個人去看人際心理學，他就會知道，優點多的人雖然討喜，但有研究顯示過於完美會有反效果，倒是有一些小缺點的人更受歡迎，因為不至於威脅到身旁人的自尊心。此外，心理學實驗還發現，適時請別人幫些「無關要緊」的小忙，反而能增加別人對你的好感。再者，有來有往的互動，雙方的關係滿意度才會高，單方面奉獻給予的關係，常常無法持久。

有了這些心理學知識，這個人就能發現自己信念的不足之處，拓寬他的視角，進一步調整同儕互動的模式。如果因為這樣，他的人際關係確實得到改善，某種程度就能驗證這個理論的正確性；若是不行，那就回到探索階段，或許能發現自己的盲點，或許能找到理論的錯誤，或許會得到其他可用的知識，都有可能。

心理學的魅力就在於，只要讀者有心，將本書之中的小理論或實驗結果，應用在生活上，也可能產生大大的不同。

本書讀者多半不是、也不會成為一個心理學家，這是一件好事，少了專家學術的包袱，往往有更大的自由去探索屬於自己的心理學理論，畢竟，在人生的旅途上，我們只需要對自己負責。

本書試圖以極為簡略的文字，帶領讀者看熱鬧也看門道。受限於篇幅以及筆者學識，不免有偏頗疏漏之處，倘若閱讀本書後，能有隻字片語，引發讀者對心理學的熱情，或能在生活中起到助益，那將會是筆者無可比擬的喜悅。祝福本書讀者能享受你的生活，擁有真實的快樂。

大師語錄　試誤和頓悟不過是一個連續過程中的兩極端。

——哈洛。

番外篇：參考書目和電影介紹

由於這本書只能算是心理學的入門書，因此，如果讀完本書以後，對心理學抱有濃厚的興趣，可以參考以下所列出的心理學書籍，如此一來，必定能夠對心理學有更深刻的了解。

◆心理學入門系列

1. 墨頓．杭特：《心理學的故事——源起與演變》（2000）。究竟出版。

2. 郭本禹：《認識心理學經典大師》（2007）。國家出版。

3. 植木理惠：《原來這才是心理學》（2011）。商周出版。

◆心理學家系列

1. 克利斯菲德・圖戈爾：《夢一場弗洛伊德》（2007）。商周出版。

2. 佛洛伊德：《佛洛伊德傳》（1989）。志文出版。

3. 榮格：《榮格自傳—回憶・夢・省思》（1997）。張老師文化出版。

4. 羅倫・史蕾特：《打開史金納的箱子：二十世紀偉大的心理學實驗》（2006）。張老師文化出版。

◆心理學思考系列

1. 伊莉莎白・羅芙托斯：《辯方證人》（2007）。商周出版。

2. 伊莉莎白・羅芙托斯：《記憶 VS. 創憶：尋找迷失的真相》（2010）。遠流出版。

3. 菲利普・金巴多：《路西法效應》（2008）。商周出版。

4. Thomas Blass：《電醒世界的人》（2006）。遠流出版。

5. Martin E. P. Seligman：《真實的快樂》（2009），遠流出版。

6. Martin E. P. Seligman：《學習樂觀・樂觀學習》（2010），遠流出版。

除了書本之外，現在市面上也發行了許多探討心理和精神問題的電影，因此，讀者們在閱讀書籍之後，也不妨透過這些電影，來加以印證自己從書本中所習得的心理學知識吧！

◆心理學電影

1. 《我的失憶女友》（50 First Dates）（2004）：以詼趣的方式談失憶症。

2. 《昨日的記憶》（2011）：一部拼湊失智症老人生活和記憶的紀錄片。

3.《鬥陣俱樂部》（Fight Club）（1999）：以充滿黑色幽默的影像呈現精神分裂患者的幻覺與真實。

4.《美麗境界》（A Beautiful Mind）（2001）：演繹數學家納許從患病到逐漸康復的心路歷程。

5.《黑天鵝》（Black Swan）（2011）：以芭蕾舞為背景，在追求完美技巧與高度期待的壓力下，主角逐漸出現了精神分裂的症狀。

6.《時時刻刻》（The Hours）（2003）：從三個不同的世代女人談憂鬱症。

7.《愛在心裡口難開》（As Good As It Gets）（1997）：呈現強迫症患者如何找回正常的生活的過程。

8.《捉迷藏》（Hide And Seek）（2005）：呈現解離性認同疾患症狀的驚悚片，也就是所謂的「人格分裂」。

9.《派特的幸福劇本》（The Silver Linings Playbook）（2013）：呈現不同精神病症面向，包括：躁鬱症、強迫症，以及如何面對問題尋求療癒。

國家圖書館出版品預行編目資料

今天學心理學了沒 /林肇賢-- 初版.- 臺北市：
商周, 城邦文化出版：家庭傳媒
城邦分公司發行, 2013.3面；公分. --（超高效學習術；18）
ISBN 978-986-272-337-1（平裝）

1.心理學

170　　1020003178

超高效學習術 18

今天學心理學了沒

作　　者／林肇賢
責任編輯／鍾宜君

版　　權／翁靜如
行銷業務／李衍逸、蘇魯屏
總 編 輯／楊如玉
總 經 理／彭之琬
發 行 人／何飛鵬
法律顧問／元禾法律事務所　王子文律師
出　　版／商周出版　城邦文化事業股份有限公司
台北市104民生東路二段141號9樓
電話：(02) 25007008　傳真：(02)25007759
E-mail：bwp.service@cite.com.tw
發　　行／英屬蓋曼群島商家庭傳媒股份有限公司城邦分公司
台北市中山區民生東路二段141號2樓
書虫客服服務專線：02-25007718；25007719
服務時間：週一至週五上午09:30-12:00；下午13:30-17:00
24小時傳真專線：02-25001990；25001991
劃撥帳號：19863813；戶名：書虫股份有限公司
讀者服務信箱：service@readingclub.com.tw
城邦讀書花園 www.cite.com.tw
香港發行所／城邦（香港）出版集團
香港灣仔駱克道193號東超商業中心1樓　E-mail : hkcite@biznetvigator.com
電話：(852) 25086231　傳真：(852) 25789337
馬新發行所／城邦（馬新）出版集團【Cite (M) Sdn Bhd】
41, Jalan Radin Anum, Bandar Baru Sri Petaling, 57000 Kuala Lumpur, Malaysia.
電話：(603) 90578822　傳真：(603) 90576622　E-mail：cite@cite.com.my

封面設計／江孟達
內頁設計／林曉涵
印　　刷／韋懋實業有限公司
經 銷 商／聯合發行股份有限公司
新北市231新店區寶橋路235巷6弄6號2樓
電話：(02) 29178022　傳真：(02) 29110053

■2013年3月7日初版
■2018年2月26日初版4刷
定價240元

 ISBN 978-986-272-337-1

城邦讀書花園
www.cite.com.tw

廣　告　回　函
北區郵政管理登記證
北臺字第**000791**號
郵資已付，免貼郵票

104 台北市民生東路二段141號2樓

英屬蓋曼群島商家庭傳媒股份有限公司城邦分公司 收

請沿虛線對摺，謝謝！

書號：**BO6018**　　書名：今天學心理學了沒　　編碼：

請於此處用膠水黏貼

讀者回函卡

感謝您購買我們出版的書籍！請費心填寫此回函卡，我們將不定期寄上城邦集團最新的出版訊息。

姓名：＿＿＿＿＿＿＿＿＿＿＿＿＿＿＿＿＿ 性別：□男 □女

生日：西元＿＿＿＿＿＿年＿＿＿＿＿＿月＿＿＿＿＿＿日

地址：＿＿＿＿＿＿＿＿＿＿＿＿＿＿＿＿＿＿＿＿＿＿

聯絡電話：＿＿＿＿＿＿＿＿＿＿＿＿ 傳真：＿＿＿＿＿＿＿＿＿＿

E-mail ：

學歷：□ 1. 小學 □ 2. 國中 □ 3. 高中 □ 4. 大學 □ 5. 研究所以上

職業：□ 1. 學生 □ 2. 軍公教 □ 3. 服務 □ 4. 金融 □ 5. 製造 □ 6. 資訊

□ 7. 傳播 □ 8. 自由業 □ 9. 農漁牧 □ 10. 家管 □ 11. 退休

□ 12. 其他＿＿＿＿＿＿＿＿＿＿＿＿＿＿＿＿＿＿＿＿

您從何種方式得知本書消息？

□ 1. 書店 □ 2. 網路 □ 3. 報紙 □ 4. 雜誌 □ 5. 廣播 □ 6. 電視

□ 7. 親友推薦 □ 8. 其他＿＿＿＿＿＿＿＿＿＿＿＿＿＿＿

您通常以何種方式購書？

□ 1. 書店 □ 2. 網路 □ 3. 傳真訂購 □ 4. 郵局劃撥 □ 5. 其他＿＿＿＿

您喜歡閱讀那些類別的書籍？

□ 1. 財經商業 □ 2. 自然科學 □ 3. 歷史 □ 4. 法律 □ 5. 文學

□ 6. 休閒旅遊 □ 7. 小說 □ 8. 人物傳記 □ 9. 生活、勵志 □ 10. 其他

對我們的建議：＿＿＿＿＿＿＿＿＿＿＿＿＿＿＿＿＿＿＿＿

＿＿＿＿＿＿＿＿＿＿＿＿＿＿＿＿＿＿＿＿＿＿＿＿＿＿

＿＿＿＿＿＿＿＿＿＿＿＿＿＿＿＿＿＿＿＿＿＿＿＿＿＿

請於此處用膠水黏貼